问道

思政篇

上册

济南市教师发展系列优秀案例集「第二辑」

济南市教育局 编

济南出版社

图书在版编目（CIP）数据

问道．思政篇．上册／济南市教育局编．-- 济南：济南出版社，2025. 3. --（济南市教师发展系列优秀案例集）. -- ISBN 978-7-5488-7152-1

Ⅰ．G451.2-53

中国国家版本馆 CIP 数据核字第 2025UV0727 号

问道：思政篇　上册

WEN DAO：SI-ZHENG PIAN SHANGCE

济南市教育局　编

出 版 人　谢金岭
选题策划　李建议
责任编辑　柴晓琳
封面设计　王　焱

出版发行　济南出版社
地　　址　济南市二环南路 1 号（250002）
总 编 室　0531-86131715
印　　刷　山东联志智能印刷有限公司
版　　次　2025 年 3 月第 1 版
印　　次　2025 年 3 月第 1 次印刷
成品尺寸　170mm × 240mm　16 开
印　　张　15.75
字　　数　220 千字
定　　价　48.00 元

如有印装质量问题 请与出版社出版部联系调换
电话：0531-86131736

编委会

守好一段渠　种好责任田

习近平总书记在全国高校思想政治工作会议上强调："提升思想政治教育亲和力和针对性，满足学生成长发展需求和期待，其他各门课都要守好一段渠、种好责任田，使各类课程与思想政治理论课同向同行，形成协同效应。"继《问道：校长篇》《问道：教师篇》《问道：班主任篇》后，济南全体教育工作者又在广袤的实践大地上开启了《问道：思政篇》的探索旅程。

思政课，作为立德树人的关键课程，有着不可替代的重要地位。广大思政课教师应以"政治要强，情怀要深，思维要新，视野要广，自律要严，人格要正"为标准，凭借扎实的理论功底向学生诠释"中国共产党为什么能，中国特色社会主义为什么好，归根到底是马克思主义行，是中国化时代化的马克思主义行"。用鲜活的实践案例向学生昭示"社会主义没有辜负中国""中国没有辜负社会主义"。生命化的思政课堂是夯实理想信念的神圣殿堂，教师要将理想信念的红旗高扬其上，让"四个自信"融入人生的血脉。

思政课程，则是一个更为系统、全面的概念。思政课程犹如一条精心编织的纽带，将理论知识与现实生活紧密相连。通过深入研究社会热点问题，引导学生运用马克思主义的立场、观点和方法进行分析和解决问题，让学生在理解国家政策方针的同时，增强对社会发展的信心和责任感。同时，思政课程应注重与时俱进，根据时代发展的需求和学生的特点，不断更新教学内容，确保思政教育始终具有强大的生命力和吸引力。

课程思政，需冲破思政教育与学科教育之间的壁垒。不同学科应围绕核心素养蕴含的育人价值进一步厘清其承担的思政使命，深度挖掘各类课程中所蕴含的思政元素，充分发挥课程的德育功能，将德育内容细化落实到各学科课程的教学目标之中，培育和践行社会主义核心价值观，守好属于各学科思政育人的“一段渠”。

构建“大思政”格局，形成育人合力。从“思政课”到“大思政课”，一字之别却彰显出“大”之意蕴，即要拓展大视野、锚定大目标、融入大格局、拓宽大阵地、凸显大作为。习近平总书记指出：“‘大思政课’我们要善用之，一定要跟现实结合起来。”教师要把“大思政课”上好，就要在中华民族伟大复兴战略全局和世界百年未有之大变局相互交织、相互激荡的背景下，超前布局、努力变局，不拘一格探索寓教于乐、喜闻乐见的“大思政课”建设路径，真正让“大思政课”在全员育人、全程育人、全方位育人中产生强大影响力、感召力、塑造力。

长期以来，济南广大教育工作者深刻学习把握思政教育的丰富内涵及其紧密逻辑关联，怀抱着奋进者的勇气与开拓者的毅力，果敢投身于“大思政建设”这片充满希望与挑战的前沿阵地，扎根基层一线，广聚各方智慧，砥砺深耕，矢志探索出一条独具济南特色的思政育人之道。如今呈现在诸位面前的《问道：思政篇》，正是全体教育工作者日夜奋战、齐心协力，用辛勤汗水浇灌而成的丰硕成果，它承载着众人对思政教育发展的殷切期望，也是为解答教育根本问题呈上的一份极具价值的鲜活样本。

本书作者不仅包括思政课教师，更多的是各学科一线教师。他们希望“思政课要在学生心里‘燃起一团火’”，他们探寻“数学教师的思政天地”“用英语描绘世界文明之华章”，他们横向融合，“变‘孤岛式’教育为‘环岛式’教育”，他们纵向贯通，“‘大中小’合奏法治教育美妙乐章”。丰富多彩的教育活动，将爱国主义、集体主义、社会主义的种子播撒在学生心田。行走的思政课堂激发奋进力量，让学生明白红色政权来之不易、新中国来之不易、中国特色社会主义来之不易。无论是人文社科课程承载的厚重历史文化传承、社会洞察思辨，还是理科课程蕴含的严谨科学精神、追求真理态度，以及艺体课程所展现的高品质审美意趣、健康生活理念，皆为“大思政”教育的内容之一。每一位教师都是思政教育的参与者、推动者，在传授专业知识的同时巧妙融入思政元素，无缝对接知识传授与价值引领，构建起全员、全程、全方位育人格局。

我们希望《问道：思政篇》是一片播种信仰的田野，每“一段渠”都奔涌着理想的活水，每“一方田”都生长着时代的青禾。当真理的犁铧翻开板结的认知冻土，当情怀的细雨浸润龟裂的精神原野，我们终于读懂：教育者不仅是躬耕陇亩的农人，更是塑造精神地貌的工程师。

《问道：思政篇》向人们展示了，规律性的启示总在麦穗低垂时显现，真正的育人智慧，永远在深耕与对话中生长。正如黄河九曲终向东流，思政教育既要守护学科本源的澄澈，更需顺应时代河床的变迁。在“守渠”与“种田”的过程中，真理的根系早已穿透学科界限，在中华民族复兴伟业的深层土壤中紧密相连。这是“守渠”与“培根”的辩证交响，是“深耕”与“远眺”的生命和鸣。

我们也需要清醒地看到：有的沟渠尚未接通思想的源头活水，有的田垄仍在等待破土的春雷。如何在专业知识的精密齿轮中嵌入价值观的传动轴？怎样让学科育人的“毛细血管”与立德树人的“主动脉”深度融合？这些叩问如同悬在麦田上空的北斗，指引着教育者不懈求索。

此刻的《问道：思政篇》，恰似矗立在教育原野上的日晷，以思想的投影丈量着时间的深度。那些在语文课堂升起的语言星云，在体育赛场跃动的生命轨迹，在艺术长廊流淌的美学星河，都在证明：当每个教育者都成为点亮心灯的燃灯者，三尺讲台便是星火燎原的原点；当所有学科都化作滋养心灵的清泉，知识图谱便成了价值罗盘的刻度。

让我们继续以“问道”的姿态俯身大地，让教育的麦田永远向着太阳的方向生长。因为每一株挺立的麦穗，都是对“培养什么人、怎样培养人、为谁培养人”这个根本问题，最饱满的回答。

本书编委会

二〇二五年一月

目 录

CONTENTS

为上好思政课提供教研支持

黄万强

人物扫描

黄万强，济南市教育教学研究院高中思政教研员，教育部基础教育思想政治（道德与法治）教学指导专委会委员，教育部“国培计划”专家，山东省特级教师，山东省首批齐鲁名师领航工作室主持人，济南专业技术拔尖人才。在全国中文核心期刊发表论文70余篇，主持和参与全国、省级课题研究7项，获山东省基础教育教学成果一等奖，出版《我钟爱教育这片沃土》等多部专著。

近年来，济南市广大高中思政课教师认真学习贯彻习近平总书记在学校思想政治理论课教师座谈会上的重要讲话精神，落实党和国家关于思政课改革建设的系列文件要求，充分发挥思政课在落实立德树人根本任务中的关键课程作用。在学科教研工作中，我们坚持以习近平新时代中国特色社会主义思想铸魂育人，扎实推进人文教研、民主教研、创新教研、开放教研和品质教研，促进教师素质现代化建设，为培养更多让党放心、爱国奉献、担当民族复兴大任的时代新人贡献教研力量。

学习课程理念，促进课堂教学变革

济南市广大高中思政课教师认真学习研究《普通高中思想政治课程标准（2017年版2020年修订）》，借助山东省“互联网+教师专业发展”、齐鲁名师领航工作室、山东省特级教师工作坊、济南市教师“面对面”培训项目等平台，邀请全国思政教育专家和知名教师李晓东、陈友芳、黄建炜、边永坚、丁祥云、刘石成、孔令启等来济南讲学、讲课，组织学科教师赴海南、苏州等地参加品位课堂研讨会、卓越课堂研讨会，举行新课程、新教材、新高考专家报告会，开展名师课堂展示和研究成果展示等活动。学科教师的教育教学观念得到及时更新，课堂教学变革迈出坚实步伐，高中思政课堂形成鲜明的济南特色。

（一）独特的设计

学科教师对应结构化的教学内容，让一条主线贯彻教学全过程，变“散装”设计为“套装”设计，体现整体性、系统性，具有明晰的教学流程和独特韵味。以学科大概念为核心，通过总议题统摄与组织教学内容，每一个环节或分议题的解决都遵循情境线、任务线、活动线、观点线的有机统一，做到情境依托、任务驱动、活动呈现、观点支撑、评价助推，构成完整的素养化框架和进阶式学习形态。

（二）广阔的视野

“锦江春色来天地，玉垒浮云变古今。”高中思政课堂从过去延伸到现在，并指向未来，既有对历史的凝练与沉思，又有对未来的前瞻与预测。广大思政课教师善用“大思政课”，把党史、新中国史、改革开放史、社会主义发展史融入思政课，把中华优秀传统文化、革命文化和社会主义先进文化融入思政课，既努力讲好中国故事、中国共产党的故事、中国特色社会主义的故事、中国人民的故事，也努力讲好济南的故事、学生身边的故事，让思政课堂具有跨越时空的魅力。

（三）深度的思维

苏霍姆林斯基认为，教育“首先是活生生的、寻根究底的、探索性的思考”。学科教师通过创设真实复杂的情境，采取合作探究、角色扮演、课堂辩论、学生讲述等多种形式，让学生积极主动地参与到分析问题和解决问题的过程中来，充分展现学生分析问题和解决问题的思维张力，实现学生的主体价值，给学生深刻的学习体验，让思政课堂真正成为学生思维活动的海洋。

（四）灵动的生成

课堂教学既遵循教学设计预设的思路，又有顺势而为的教学生成。思政课教师通过清晰的授课、多样化教学、任务导向，引导学生投入学习过程，在启发诱导中让学生水到渠成得出结论，让思政课堂充满生命活力，让核心素养落地生根。

在首届、第二届山东省思政课教学比赛中，济南市高中思政课教师程春娴、顾业、李青青、吴潇均获得特等奖；在全国首届议题式教学设计比赛中，济南市夺得 11 个特等奖，超过获奖总数的十分之一；程春娴、周金凤、翟成玉、刘立辉、王慧、邢文晶的课例成为山东省“互联网＋教师专业发展”教师必修课程资源；邢小冬执教山东省大中小学思政课一体化建设展示课例；张宇执教山东省教科院组织的鲁（山东）新（新疆）联合主题教研活动展示课例；徐海霞、连晓芹、王慧、马鑫源执教山东省教科院组织的名师送教课例；王慧执教教育部基础教育思政专委会年会展示课例；黄万强、徐海霞、张春燕在全国品位课堂教学研讨会、卓越课堂研讨会上举行展示课；李青青、吴潇执教的课例入选教育部基础教育司公布的2023年全国思政课教师教学基本功展示交流活动典型经验名单。济南市骨干教师编写的《名师思政课》（高中卷）由山东教育出版社出版。

举办专题论坛，擦亮教研品牌

在济南市高中思想政治学科教研工作中，我们先后通过举办三期济南市高中思政学科教科研论坛、三期泉城高中思政论坛，围绕“习近平新时代中国特色社会主义思想进教材、进课堂、进学生头脑”“数智技术赋能思政课”“走向专业的听课评课”“教师科研水平的提升”等专题，总结、交流经验做法，形成了济南市高中思想政治学科教研品牌。

（一）抓好党的创新理论“三进”工作

我们举办济南市中学思政课“习近平新时代中国特色社会主义思想进课堂”主题教研活动，通过示范课展示，引导广大思政课教师树立自觉融入意识，充分发挥新时代伟大成就的激励作用，找准内容的“结合点”，把握思想的“共鸣点”，明确成长的“交汇点”，增强学生对习近平新时代中国特色社会主义思想的认同感以及实现中华民族伟大复兴中国梦的责任感和使命感；讲好新时代的故事，引导学生感悟党的创新理论的实践伟力。我们通过专题研讨，引导教师做习近平新时代中国特色社会主义思想的坚定信仰者和忠实实践者，坚持学以致用、用以促学，自觉对标对表，用创新理论之“矢”射本职工作之“的”，努力把学习成果转化为增强“四个意识”、坚定“四个自信”、做到“两个维护”的政治自觉，转化为坚定理想信念、加强党性锻炼的思想自觉，转化为指导实践、推进思政课守正创新的行动自觉，做到学用新思想，建功新时代。济南市骨干教师编写的《在坚定理想信念上下功夫——新时代中学生理想信念教育研究》由济南出版社出版。

（二）让数智技术赋能思政课教学

我们引导广大思政课教师增强互联网教研思维，实现由多媒体教学到融合信息技术的新型教与学模式的迭代升级，驱动课堂教学在教学结构转变、学科性工具、精准教学等方面实现变革，为学生学习搭建快捷、高效、大容量的信息高速公路。鼓励具备条件的学校积极探索数智技术与思政课教学的融合机制，开展教学方式变革、教学评价改革、数字场景应用、创新人才培养等相关课题多向融合的探索实践，打造高中思政课堂新样态。推广济钢高中、济南三中典型经验，让思政课的教学内容更加丰富，让思政课的教学方法更加生动活泼，让思政课的教学评价更加精准。在思政课教研中，我们强调必须坚守思政课改革创新的根脉，在把握数智时代的“变”与“不变”中，推动思政课内涵式发展。

（三）走向专业的听课评课

广大思政课教师通过对市优质课课例的观摩，对课堂教学从“是什么”“为什么”“怎么做”“做得如何”进行有组织、有准备、有程序的观察和分析，开展基于证据的课堂研究活动，达到改进学生学习、促进教师专业发展、推动教师间合作的目的。我们引导广大思政课教师围绕观察点，运用记录表格，把课堂行为记录下来。比较详细地记下什么时间，什么地点，什么对象，做了一件什么事情，事情的开始、过程、结果是什么，尽可能地实事求是，不要主观臆断。这有利于克服完全经验式评课的弊端，推动思政课教研工作走向更加科学化的轨道。

（四）教师要成为研究者

通过专题研讨，我们引导广大思政课教师充分认识到教师从事教育教学研究，是不断超越自己的体现，也是提升职业幸福感的必由之路。“教师成为研究者”，意味着教师不再是一个旁观者，等待别的专家、学者去研究与制订一套改革的方案与方法，而是教师自己要在实践中进行研究，“教师成为研究者”，就要以思考者、追问者、探究者与反思者的姿态来看待教育教学中的现象或问题；就要对教育现象或问题追问“何以如此”“应怎样解决”；就要对自己的教育教学行为从理性的层面上多问几个“为什么”，以促使教师增强问题意识和提高破解难题的能力，提高教育教学的实效性。近三年，共有36名思政课教师在全国中文核心期刊、省级刊物发表论文，共有162名思政课教师主持或参与各级教育教学课题研究。越来越多的思政课教师走上教科研之路，欣赏教科研之美，享受教科研之乐。

通过以上专题论坛，我们做到教研工作与时俱进，进一步回答了“思政课教研如何与时代同行”“思政课教研如何守正创新”等问题，实现了对学科教师的专业引领。

搭建广阔平台，促进青年教师成长

在济南市高中思政课教研工作中，我们积极实施人才强科战略，先后举办两期青年骨干教师研修班、组织两期“新课堂”团队研究项目，加快培养学科复合型和专门型人才。

（一）搭建读书交流的平台

“人民教育家”于漪曾说过，对于教师来说，“读书是一辈子的事情，像一场无尽的旅行，每一页都是新的风景”。每学年我们都按时发布由学科指导教师团队推荐的阅读书目，供青研班学员、“新课堂”项目成员和其他青年教师选择阅读，要求青研班学员、“新课堂”项目成员从指导教师团队列出的阅读书目中，每学期至少读一本书，写出至少2000字的读书心得，定期举行青年教师读书沙龙汇报交流读书心得，有12位青年教师的读书心得还发表在《济南教育》上。青年教师从古今中外熠熠生辉的教育思想中汲取智慧，从朴实无华的教育实践中获得滋养，引导成员开拓广阔的教育视野，培育深厚的教育情怀，坚持科学的教育立场，坚守崇高的教育信仰。读书让青年教师的精神和气质得到不断熏陶，智慧和思维受到更多启迪，思想和理念得以持续提升。

（二）搭建提高技能的平台

教师的专业成长是靠实践性知识保障的，教师专业成长的关键在于实践性知识的不断丰富和实践智慧的不断提升。我们积极为青年教师搭建提高课堂教学技能的平台，让他们在教学实践中不断成长。举办青年教师课堂展示活动。由青研班学员、“新课堂”项目成员举行同课异构公开课，让更多的青年教师融入公开性交流之中，在对自己教学的审视和反思过程中不断成长。我们大胆起用青年教师承担艰巨任务。一是让青年教师成为送教送学的主力军，让青年教师承担名师送教送学的主要任务，给他们压担子，鼓励他们大胆创新，使他们行走于能力极限的边缘，这样，学科名师送教送学活动成为深化课堂教学改革的试验场、青年教师成长的新平台；二是让青年教师成为新教材试教试用、课堂教学改革的中坚力量。教育部教材局和山东省教育科学研究院确定济南市为普通高中统编思想政治教材试教试用地区，选定济南一中和济南市章丘五中作为试教试用学校，这次参与试教试用的教师全部是青年教师，其中有两位青研班学员，他们敢想敢干，勇于探索，出色地完成了新教材必修 1《中国特色社会主义》和选择性必修 3《逻辑与思维》的试教试用任务。三年来，仅青研班学员、“新课堂”项目成员中，就有 5 位老师的课获得省级比赛一等奖，10 位老师的课例被评为省级优课，16 位老师的课获得市级奖励。

青年教师的专业成长，关乎学科教学的质量，关乎学科发展的未来。我们通过搭建青年教师成长的广阔平台，引导带动广大青年教师形成静心读书的风气、深入研究的风气、勇于创新的风气。广大青年教师燃烧着青春之火，心中坚守那一份执着，在平凡的岗位上做出了不平凡的贡献。

开展精准诊断，服务一线学科教师

在学科教研工作中，我们以“摸实情、出实招”为主题，大兴调查研究之风，开展问题式、服务型、个性化、订单式指导，真诚服务广大思政课教师和学生。

（一）开展专题调研，了解师生需求

市思政课教研员关注一线教师和学生需求，就学科教师专业发展、议题式教学、思政小课堂与社会大课堂的深度融合、课堂教学的嵌入式评价、学

生辩证思维能力的培养等问题进行专题调研，先后撰写出《做一名充满教育情怀的教师》《做一名充满激情的教师》《追寻一体式教学的和谐之美》《“行走的思政课”教学模式的实践探索》《坚持教学评一致性的探索》《专家思维：解决情境问题的关键》等调研报告或论文，诚心诚意服务师生。济南市骨干教师编写的《行走的泉新思政课（高中版）》由济南出版社出版。

（二）深入课堂听课，不断改进教学

三年来，市学科教研员听课、评课近 200 节，比较深入地分析教师的教学行为及学生的课堂表现，近距离、多维度地为教师的课堂教学提出改进建议与措施，建议老师们转变教学观念，充分发挥学生的主体作用，将舞台更多地交给学生，将教材知识与问题情境结合，让学生在自主表现与积极尝试中持续成长进步，让学习真实发生，培养学生的关键能力与思维品质。

（三）参与集体体验，凝练典型经验

学科教研员先后到山东省实验中学、济南中学、济钢高中、济南外国语学校、济南一中、济南西城实验中学等学校参与学段驻校体验行动，召开师生座谈会，举行专题讲座，听课评课议课，研讨师生困惑，以点带面开展教学研究，助推学校教研组建设。我们先后总结凝练了山东省实验中学“三为主六环节”复习法、济南外国语学校“三位一体”复习法、济南西城实验中学“双轮驱动”复习法，推广了山东省实验中学、济南中学模拟政协活动典型经验。

近三年，全市高中思政课教师中，有 2 名被评为山东省特级教师，2 名被评为山东省优秀教师，3 名被评为齐鲁名师（名班主任）建设工程人选，1 名被评为泉城名师，5 名被评为济南名师建设工程人选，7 名被评为济南市教育高质量发展工作表现突出个人。2024 年 7 月，教育部基础教育教学指导委员会思政专委会 2024 年会在济南召开，来自全国各地的思政课专家围绕守正创新推动思政课建设内涵式发展等问题进行了深入研讨，专家们还考察了济南市中小学思政课建设情况，对济南市中小学思政课建设给予了充分肯定。

思政课要在学生心里“燃起一团火”

程春娴

人物扫描

程春娴，山东省实验中学政治教师。荣获全国优质课一等奖、省思政课教学大赛特等奖等国家、省、市级奖励30余项，主持省级课题，并获省教学成果奖。被授予山东省优秀教师、山东省教书育人楷模、齐鲁名师工程人选、市教学能手、市优秀共产党员、市最美教师、市立德树人双领军教师等荣誉称号。

20多年前，我从曲阜师范大学政治系思想政治教育专业毕业，又回到了留下过自己高中3年美好回忆的母校——山东省实验中学。不同的是，我成为了一名人民教师。彼时，站在思政课讲台上，我意气风发、青春洋溢。我暗下决心，一定要用满腔热情，完成自己生命中的这次华丽转身。

然而，没过多久，我就失望地发现，尽管我已精心备课、热情讲课，但总有一些学生不买账，在课堂上昏昏欲睡。最让我不能接受的是，有一天，我收到了一张小纸条，上面写着“我不喜欢思政课，那么枯燥、那么无聊”。对于初为人师的我来说，这不是一张纸条，而是一盆冷水，瞬间把我浇了一个“透心凉”。

正是“这盆冷水”浇醒了我。从那天起，我就立志要扭转学生对思政课的这一认知，要让我的思政课堂成为受欢迎的课堂。我要燃起一团火，点燃学生眼里的光！

一场改变，从此开启。

学生眼中闪着的光，是课堂上最美的星

思政课应该是充满精气神和吸引力的。在很多学生眼里，思政课往往是枯燥的，思政课教师也因此“不受待见”。我想打破学生的这一“刻板印象”。怎样让学生喜欢思政课？这张纸条促使我开始从自身找原因。反思中，我找到了自己在课堂上那么卖力，学生却感到索然无味的主要症结之一——真正有效的教学首先要有互动，课堂不应该是教师自顾自的“表演”和“一言堂”，而应该是一场师生共同奔赴的成长之旅。

我用了20年时间，磨砺并形成了以“生活·对话”为底色的思政课，聊天式的教学，不要花架子，看起来朴实无华，却“很有料”“很抓人”，吸引学生“留在课堂”。有人问我有何秘籍，事实上我没有秘籍，但有追求。我追求的，是每堂课都能让学生“情绪有调动、视野有拓宽、思维有深化、情感有升华”；我追求的，是每堂课都能让学生享受到对话的酣畅、思辨的

乐趣、沉浸的美好和成长的幸福。

我尝试在课堂改革与创新上下功夫。我常常不厌其烦地查找各种前沿的教学书籍，不断请教有经验的教师，把组里每名教师的课听了一次又一次，探寻适合自己的教学模式。2002年，网络通信还不方便，我就采用课上电话连线的方式引入校外资源；没有社交软件，我就用邮件、论坛征集学生的意愿和观点。后来，我又利用课余时间自学动画制作软件，自己绘画、自己配音，把难懂难记的知识点制作成动画。教师变，则课堂变。慢慢地，学生们开始喜欢上我的思政课了。

一堂课，能否让学生“抬头、点头、摇头”，成为我判断自己的课能否让学生“走心”的重要标准。在我的思政课上，我希望学生们能抬起头、点点头、摇起头。当大家都抬起头时，说明大家已经对这堂课产生了兴趣；当他们点点头时，就说明他们可以理解并接受相关内容；当他们摇起头时，就说明他们对这个问题进行了辩证思考。这是一个逐渐深入的过程。

而今，每周两次开展的，在课堂开始的前5分钟由学生轮流主持进行的“时政播报”和“评论员文章赏析”，已成为我思政课上的两大“必备节目”，大大激发了学生的学习兴趣。“本节课，我播报的题目是：中国共产党第二十届中央委员会第三次全体会议在北京召开……”“程老师，下节课，我要自己写一篇评论员文章，读给大家听。”

“您是一位很特别的老师，用心、用爱教育我们……”

“那些朗朗上口的口诀让政治学科瞬间亲切可爱了……”

“有人说老师和学生都是各尽本职，没有什么真正深厚的情谊，可我想告诉您，我心中对您有澎湃的感情，就像您对我们一样……”

“我时常记起您兴致勃勃的样子、怒发冲冠的样子、讲课时神采飞扬的样子，还有和我们一起搞事情的样子，您用您的方式把本来枯燥乏味的知识变成笑语欢声，拖堂拖多久我们都没意见……”

“您是大家心中讲课最好、最有用、最成体系的文科老师，人也好，永远不厌其烦，永远细心呵护，您值得拥有一切爱与美好……”

“心思细腻又富有青春活力，每次一跟您对视我就立刻进入状态，政治开窍离不开您的鼓励和指导……”

“眼中有物、心中有情，您是我见过的最有人格魅力的老师，将来一定捧花来看您……”

这些来自学生的反馈，让我力量倍增。

一名学生在毕业前写道：“在您的影响下，思想政治教育专业成为我在志愿填报时最青睐的一个，或许‘长大后’，我也会‘成了您’……”后来，这名学生顺利考入东北师范大学思想政治教育专业，立志成为一名思政教师。从排斥到喜欢，从喜欢到跟随，让我感到作为一名教师最大的幸福莫过如此。

在助力学生成功的同时，我的工作也有了突飞猛进的发展。工作第三年，我参加了济南市优质课评比，并一路讲到全国，成为当年最年轻的全国思想政治优质课一等奖获得者。2020 年，在山东省首届思政讲课大赛中，我获得特等奖第一名。后来，我又获得了山东省优秀教师等市级以上奖励 30 余项，开发了多个校本课程，执教观摩课、交流课 30 余节，广受好评。但在我眼中，学生的认可才是最重要的“大奖”，学生对思政课从厌到爱的转变更让人振奋。学生们眼中闪着的光，才是课堂上最美的星。

思政课上，对话中的思维升华

我高度关注通过对话激发学生的思考，点燃学生的思维火花。随着课堂改革尝试的成功，我对思政课有了更深入的认识和思考。我发现，新课改历经多年，不少思政课教师基本还是机械性地、表演性地进行“师生互动、生生互动”，缺乏课堂生成性的生活与理论的交融、思想与智慧的对话。在一些浮华的形式背后，仍是教师对课堂交流的垄断，从而偏离了思政课“育人”的本真。

于是，带着一种强烈的使命感，我经常绞尽脑汁、千方百计地去激发师生之间、生生之间的讨论热情。实现真正的“对话”成为我的一种自觉追求。

“每一次对话都是一场思维的风暴，学生们的积极性也会在这种对话中激发出来。”基于这样一种体验和认知，从2013年开始，我主持开展了“生活·对话”课堂教学模式的省级课题研究。何为“生活·对话”课堂，其价值取向和理想状态是什么？我有自己的“野心”：我试图通过这个课题的探索与研究，从宏观与微观上都能抵达一种理想之境。

在宏观上，我力图破解当前政治课堂教学中存在的“忠诚于学科，却背离了学生；进行着表演，却没有观众”等问题，实现高中思政课堂教学高效性、实用性、深刻性的有机统一，并力求在政治课堂教学上提供新的教学模式范例，进一步发展课程与教学理论。

在微观上，我希望通过师生、生生的讨论切磋、对比辨别，养成思考的习惯，提升对话的能力；通过交换看法、分享体验，达到思想的升华，实现心灵的觉醒；通过思维碰撞、整合创造，迸发灵感的火花，激励创新的热情。引导学生学会合作与分享、欣赏与发现、尊重与理解；学会辩证地思考、客观地分析、理性地判断；学会积极地表达、负责地论述、真诚地倾听。总之，要让学生“默者”能言、“言者”能听、“听者”能思、“思者”能行。

比如，在教学中，我根据中学生喜欢从事物的反面考虑问题的特点，总结出了一种“用逆反消除逆反”的“对话法”。有一次讲到“中美撞机事件”时，我先介绍了事件背景，然后话锋一转，提到了社会上的一些声音：“怎么能放人呢？竟然还把飞机还回去！”“士可杀不可辱，以牙还牙，拼个你死我活！”

果然，如我所料，没等我说几句，就有几名学生开始反驳了——从国际局势，到我国发展大局，多层次论证应如何进行有理、有利、有节的斗争，如何符合国家长远利益，更从实干兴邦的视角出发，提醒青年人要明确自己应承担的责任与使命。最终，他们的发言得到了全班的认可，而我则被“彻底说服”。

思政课的魅力就在于课本是既定的，但课程却有着很多的可能性，新的事情一直在发生，所以课堂上讲述的东西也注定要不断地跟着变化。新的时政一直在发生，我们就要一直走在寻求新时政的路上。即便同一堂课，不同的时间点来讲，可能都是不一样的。

斯宾塞·约翰逊曾说过："唯一不变的是变化本身。"我也经常问自己："你是否在一直拥抱变化？你有没有给予学生一种拥抱未来变化和各种不确定性的思维方式？"为此，自从主持"生活·对话"课题研究以来，我一直坚持：思政课不能止于课本，而要带给学生一个更广阔的睁开眼睛看世界的视角。

思政课不仅要"有趣"，更要"有为"

好的思政课，应关注核心素养，内化于心、外化于行。课堂上的"对话"，不仅是师生交流的一种手段，更是一种对话的理念和精神——教师把学生看作学习的主人，看作一个具有独立人格和尊严、具有表达和交往需要的人。

2001年，教育部印发的《基础教育课程改革纲要（试行）》指出，教师在教学过程中应注重培养学生的独立性和自主性，引导学生质疑、调查、探究；教师应尊重学生的人格，关注个体差异，满足不同学生的学习需要，创设能引导学生主动参与的教育环境，激发学生的学习积极性。

《普通高中思想政治课程标准》倡导的课程理念是，要立足学生现实的生活经验，着眼于学生的发展需求，把理论观点的阐述寓于社会生活的主题中，使学科知识与生活现象、理论逻辑与生活逻辑有机结合。

依据这些要求和理念，我对自己所研究的"生活·对话"教学进行了一个界定——立足生活实践，在相互尊重、信任、民主、平等的氛围中，通过师生、生生的话语、情感、思想等方面的双向交流，探究和解决教学和现实生活中的问题，以促进师生共同发展的教学形态。

我喜欢走在学生中间边聊边讲，在与学生的对话中观察、发现、感知、引领他们。我还组织开展了直面社会话题的"大对话"课堂，提出的话题有"民主问题怎么看""追'星'追什么""怎么才是真正的爱国""'打老虎、拍苍蝇'的启示""'法理情'如何融为一体"等。

2020年我收到了因疫情滞留国外的一名学生小成的信息，他谈到自己如何努力为国发声。这让我激动不已：曾经的小成是个小愤青，抨击时弊、讨论问题时不乏尖锐偏激的观点。我们在课堂上时常展开思想交锋，我非常喜欢他勇于直面问题的勇气。于是，在课堂对话中，我就经常有意识地引导小成更加客观、辩证、理性地看待问题，帮助其实现“情绪有调动、视野有拓宽、思维有深化、情感有升华”的目标。

通过与小成的交流，我强烈地感觉到了他身上的改变。这让我更加坚定地相信：肩负立德树人的使命，思政课不可替代，思政教师责任重大！

作为立德树人的关键课程，思政课不仅要教会学生书本理论知识，更要赋予学生美好的生命体验，引导他们关注道德追求和价值形成，共同推进“教书”和“育人”的结合，实现个人与社会的和谐统一，最终达到成就自我、报效国家的目的。

思政课不仅要呈现在课堂上，还要发生在课堂外

思政小课堂与社会大课堂相结合，能够更好地启智润心、育能砺行。在济南市教育局思政处推进“双贯通”精品思政课建设工程的大潮中，我积极带领学生开展行走的思政课，从学校小课堂到社会大课堂，再到网络云课堂。我们走进三涧溪、走进法院、走进社区，近距离感受中国之治的魅力，参加政协商量活动、撰写提案，提高公共参与能力和政治认同，还有多名学生带着自己的提案走上了“两会”。为了拓宽学生的视野，我们致力于教学资源的多样化。我们不仅联动社会资源，利用网络资源来不断丰富课程内容，还有效利用名校资源开展深度研究。此外，我们还邀请了大学教授、检察官、社区工作人员等担任兼职思政课教师，他们走进课堂，使我们的课堂更加生动、更具吸引力。通过这些努力，我们推进了全员、全过程、全方位育人，构建了“大思政”格局。

作业改革是中小学教改特别关注的热点问题。如何让“课外作业”充满

吸引力？近年来我积极推进“任务型创新作业”改革，以多样化的作业设计撬动教学改革，推进思想政治课教学与实践的深度融合。此次改革旨在通过设计贴近学生生活、紧扣时代脉搏的任务型作业，激发学生对政治学科的兴趣与热情，培养其自主学习、合作探究的能力。作业形式包括但不限于案例分析、时事评论、模拟审判、社会实践调研报告等，鼓励学生走出课堂，走进社会，关注热点，运用所学知识分析解决实际问题，培养学生的政治素养、批判性思维和创新能力，为学生全面发展奠定坚实基础。

我基于必修四本书和选择性必修三本书形成系统的思政创新作业群：通过开展学生公司运营来感受生活、通过撰写模拟政协提案来走进社会、通过普法大篷车和学生法庭来提高法治意识、通过“青年联合国”来关注世界、通过制作写给祖国或写给母校的图文情诗来提升爱国爱校情感、通过撰写穿越微小说来领悟社会发展的奥秘……这些都是从生活实际出发，聚焦学科核心素养做出的积极探索。

通过前置作业，完成“明确任务、引发思考、寻求帮助、获取有效知识、整合使用、任务达成”这样的教学过程，实现全过程“做中学”。教师的教起到的是辅助、引领、兜底的作用，是为了完成学生的“做”而提供的脚手架，这种教学模式有效地提升了学生的关键能力。

有趣、有用的思政课构建起我与学生的双向信任，毕业了的学生时常打电话来请教处理人际关系和解决现实问题的方法，或者谈谈工作上的得失收获……这一切使我深深地感到：教师最大的欣慰是当学生成为对社会有用的人才时，心中还怀念着老师，老师还在不断地影响着他。师恩师缘，这是人世间最优美、最高尚、最值得珍惜的感情。这份情感，一直激励着我在自己深爱的教育事业上勤勤恳恳、默默耕耘。

著名教育家于漪老师说过，今天的学生是明天的建设者，所以心中要有一团火，永远都朝气蓬勃。这句话鞭策着我，要照亮别人，自己心里就要有阳光和火种，我将继续求真、至善、达美，努力站好思政课堂、做好学生的良师益友、指路明灯。

让“四个自信”融入人生血脉

钟红军

人物扫描

钟红军，山东省特级教师，齐鲁名师，山东省十大教育创新人物，山东省教学能手，全国历史优质课一等奖获得者，富民兴鲁劳动奖章获得者，第八、第九届济南专业技术拔尖人才。山东省教育科学“十五”规划重点课题“历史教育与现代人的发展研究”课题组核心成员，主持或参与的山东省“十三五”教学研究重点课题“基于学科核心素养的人文学科基地建设研究”等已结题。

青年学生是中国特色社会主义事业的建设者和接班人。他们能否坚定中国特色社会主义道路自信、理论自信、制度自信、文化自信，直接关系中国特色社会主义事业的成败。习近平总书记指出：“我们的教育要善于从五千年中华传统文化中汲取优秀的东西，同时也不摒弃西方文明成果，真正把青少年培养成为拥有‘四个自信’的孩子。”2021 年，济南西城实验中学将“坚定‘四个自信’，喜迎建党百年”作为开学第一课，以“八个相统一”作为思想政治理论课改革创新的根本遵循，提供了一节立意高远、触动灵魂的思政课。课程内容如下：

道路自信篇

同学们，在经历了一个充实愉悦的寒假以后，我们迎来了新的学期。本学期，我们将迎来中国共产党成立一百周年华诞。今天，让我们以“坚定‘四个自信’，喜迎建党百年”为主题，开启新学期第一课。让我们一起从身边的生活和国家的发展变化中，感受“四个自信”到底源自何处，又应该怎样让它融入我们人生的血脉。

我们先看一个在网上流传已久的神奇帖子。这个帖子出现在 2006 年，一位网民预言了中国将在 2007、2008、2014、2024 直至 2040 年发生的诸多变化。面对这些看似不可思议的预言，许多网友表示根本不可能实现，并相约每年都在这个帖子下留言，准备看楼主的笑话。

2007 年，我国首颗绕月人造卫星“嫦娥一号”发射成功。2008 年，神舟七号搭载三名中国航天员，展开近乎完美的太空之旅，实现了中国人漫步苍穹的飞天梦想。

网友们开始惊叹，一个个预言正在实现。接下来事情的发展更是令人惊叹和兴奋不已，因为现实发展的速度远远超过了预言：

2008 年，我国第一条具有自主知识产权、国际一流水平的高速铁路——京津城际铁路正式通车运营。之后几年，沪杭、京沪、沪宁等高速铁路先后建成通车；2010 年，中国 GDP 总量超过日本，跃居世界第二；2012 年 9 月，中国首艘航母辽宁舰下水，2018 年辽宁舰编队初步形成了体系作战能力；2018 年 12 月，北斗系统服务范围由区域扩展为全球，正式迈入全球时代……

同学们也许会好奇，为何会有如此神奇的预言，可以断定的是，这位帖子的作者一定对我国的长期发展规划进行过深入研究。事实证明，我们的党和政府有能力按照规划，一步步带领人民走向富强，而且我们前进的步伐比他预言得更快、更稳。

每年第一天，都有无数网友聚集在这个帖子下，分享自己和家庭的收获，见证祖国的繁荣昌盛，在真实的获得感和幸福感中，满怀信心地预期未来的奇迹。这个“预言神贴”从一个侧面生动折射出了中国特色社会主义道路给人们带来的坚定自信。

理论自信篇

一个民族、一个政党要走在时代前列，就一刻也不能没有理论思维，一刻也不能没有正确思想指引。我们不妨从人类对理想社会的想象走进这个话题。中国诗人陶渊明讲述了一个宁静安乐的美好地方，叫作“桃花源”；西方先哲柏拉图描绘了一个由哲学思想统治的理想城邦，叫“理想国”；500 年前，一位叫莫尔的思想家虚构了一个叫作“乌托邦”的世界，那里没有罪恶也没有堕落，只有无尽的财富为大家所共有，金钱在那里都失去了意义。人类在智慧和思想的海洋中，一直在苦苦追寻着一个完美的世界。

1848 年，《共产党宣言》的发表，标志着马克思主义的诞生。它蕴含着对历史规律的深刻洞察，明确指出社会主义代替资本主义是人类社会发展规律；精准把握了革命的途径，确定无产阶级是资本主义制度的掘墓人；对理想社会进行了深刻描绘，提出每个人的自由发展是一切人自由发展的前提条件。

重温《共产党宣言》的原典，更能深切体会中国共产党是如何不断深化对马克思主义的理解，将其与中国具体实际紧密结合，最终形成中国特色社会主义理论体系的。

《共产党宣言》首先指出，共产党人的最近目标和其他一切无产阶级政党的最近目标是一样的："使无产阶级形成为阶级，推翻资产阶级的统治，由无产阶级夺取政权。"（阶级斗争，夺取政权）

中国共产党成立以后，领导全国人民进行了艰苦卓绝的斗争，取得了新民主主义革命的伟大胜利，推翻了帝国主义、封建主义、官僚资本主义三座大山，建立了新中国，成功实现了这一目标。

《共产党宣言》进一步阐明："无产阶级将利用自己的政治统治，一步一步地夺取资产阶级的全部资本，把一切生产工具集中在国家即组织成为统治阶级的无产阶级手里，并且尽可能快地增加生产力的总量。"（发展生产力）

由此可见，阶级斗争、夺取政权只是手段，其根本目的是要充分利用社会主义制度的优越性，大力发展生产力。正因如此，1949 年党的七届二中全会，提出要把中国从落后的农业国转变成工业国。1956 年中共八大，明确指出中国社会的主要矛盾已转化为先进的社会主义制度同落后的社会生产力之间的矛盾。1978 年党的十一届三中全会，作出了把党的工作重心转移到经济建设上来、实行改革开放的伟大决策。

邓小平理论抓住"什么是社会主义，怎样建设社会主义"这个根本问题，更加深刻地揭示了社会主义的本质。"三个代表"重要思想明确指出，中国共产党始终代表中国先进生产力的发展要求、始终代表中国先进文化的前进方向、始终代表中国最广大人民的根本利益，实现了中国共产党指导思想的又一次与时俱进。

《共产党宣言》最终这样描绘了共产主义的蓝图："代替那存在着阶级和阶级对立的资产阶级旧社会的，将是这样一个联合体，在那里，每个人的自由发展是一切人的自由发展的条件。"（终极理想）

由此可见，马克思主义既不是停留在阶级斗争层面的学说，也不是仅仅基于生产力发展的理论，而是关于人类在最高层次上实现自由和解放的伟大理想。

“科学发展观”的提出，使GDP不再是唯一的追求目标，而是追求以人为本，追求全面、协调、可持续的发展。习近平总书记指出：“中国共产党为什么能，中国特色社会主义为什么好，归根到底是马克思主义行！”这是总结中国共产党领导革命、建设、改革百年奋斗得出的深刻历史结论。

中国共产党坚持不断推进马克思主义中国化时代化，先后创立了毛泽东思想、邓小平理论、“三个代表”重要思想、科学发展观、习近平新时代中国特色社会主义思想，实现了马克思主义中国化发展的一次次飞跃。“社会主义没有辜负中国”“中国没有辜负社会主义”，这是对中国共产党百年奋斗历程的高度凝练和深刻总结。

制度自信篇

当前，世界之变、时代之变、历史之变正以前所未有的方式展开，世界又一次站在历史的十字路口。中国特色社会主义道路以制度优势为桨，在百年未有之大变局中开辟出崭新的航程。

说到制度建设，大家或许会感到离自己很远，果真如此吗？以中国特色社会主义政治制度为例，它是一个以人民代表大会制度为根本政治制度，以中国共产党领导的多党合作和政治协商制度、民族区域自治制度、基层群众自治制度等为基本政治制度的有机整体。我们学校的陆彩霞校长是一名无党派人士，她凭借着优秀的工作业绩和在行业中的突出影响，在山东省实验中学和济南西城实验中学工作期间先后当选人大代表和政协委员，或许她的经历能让大家更亲近地感受中国特色社会主义制度的优越性。

二十多年前，山东省实验中学本校区门前的经七路车水马龙、川流不息，同学们过马路存在极大的安全隐患。当年学生谏议团多次提出：能否在学校门口搭设过街天桥？但大家也清楚，建设过街天桥不是学校能决定的事情。陆校长当年作为人大代表一直记着同学们的期望，与各界人大代表从多种渠道进行呼吁，精准提供实验中学和育英中学的学生数据，清晰摆明交通安全的隐患，充分论证建设过街天桥的必要性。如今，带有电梯的过街天桥早已建成，为学生们的交通安全提供了坚实的保障。

此后，陆校长还先后就寄宿制高中生均经费、义务教育阶段教师编制、减负提质等关乎师生切身利益和教育改革发展的各类问题提交议案或提案。不难发现，中国特色社会主义制度的优越性体现在我们生活的方方面面，全过程人民民主就在我们身边。

从价值理念上看，全过程人民民主是最广泛、最真实、最管用的人民民主。人民的心声有人倾听，人民的意愿有人传达，人民的利益切实得到保障。

从民主形式上看，选举民主与协商民主两种民主形式紧密和有机的结合，是中国特色社会主义民主政治的重要特点。我们的领导干部既通过层层投票选举产生，也经过上级对其履历和工作业绩的考察选拔。协商民主在党的领导下，人民内部各方在重大决策之前和决策实施之中进行充分协商，“商以求同，协以成事”，坚持有事好商量、众人的事情由众人商量，从而找到全社会意愿和要求的最大公约数。

从治理功效上看，全过程人民民主确保中国特色社会主义政治制度优势更好转化为治理效能。它有利于保持党和国家的生机活力，有利于调动广大人民群众和社会各方面的积极性、主动性、创造性，有利于维护和促进社会公平正义、实现人民共同富裕，有利于应对前进道路上的各种风险挑战，有利于维护民族团结、社会稳定、国家统一。

文化自信篇

我们不妨从一个历史片段来理解文化的地位。在 1919 年巴黎和会上，当列强决定将德国在山东的特权转交日本时，中国全权外交公使顾维钧发表了著名演讲。他指出，西方把耶稣当作圣人，基督教相信耶稣被钉死在耶路撒冷，使耶路撒冷成为世界闻名的古城。而在东方也出了一个圣人，他叫孔子。

孔子的出生地是山东。中国不能失去山东，就像西方不能失去耶路撒冷一样！因为山东是儒家文化的发源地，是中华民族的精神家园。

我们提倡“文化自信”的强大底气源自何处？

——文化自信来自优秀的文化传统。

提到中华传统文化，许多同学首先会想到“博大精深”一词，但往往只停留在零散片段的认知层面。中华传统文化的深刻内涵是什么？又有哪些外在表现形式？这一切都是作为中国人应该深入了解的。

2500多年前，就在我们脚下的这片土地上，诞生了以孔子为代表的儒家文化，它在协调人与人之间、人的精神与肉体之间、人与社会之间、人与自然之间的关系方面，具有永恒的价值和不可替代的作用。

“大学之道，在明明德”，引导人们精心塑造更加完善的人格。“孝悌”“百善孝为先”“相敬如宾”，这些思想成为中国家庭和睦安定的重要根基。“大道之行也，天下为公”，引导人们以天下为己任，共同承担起社会的责任。“修身、齐家、治国、平天下”，儒家思想用最简短的语言，将个人责任、家庭责任、国家责任、社会责任诠释得淋漓尽致。

如果说儒家思想孕育了我国传统文化中的政治理想和道德准则，中国传统文化丰富多彩的外在表现形式，则以另一种独特的风采浸润着中国人的心灵。

中国汉字被幻化为奥妙无穷的书法艺术。柔韧的毛笔在浓淡相宜的墨汁中自由转换，再加上书写者深邃莫测的内心世界，使汉字充满了生命的灵气。中国画也有着别样的韵味，南宋“马一角”的构图给人带来深远的遐想，“夏半边”的创意承载着对半壁河山的心碎，那淋漓的墨色表达了对黑暗社会无言的抗议。唐诗里有“黄河之水天上来”的回响，宋词里有“碧云天，黄叶地”的婉约，元曲里有“人比黄花瘦”的萧索。作为国粹的京剧，蕴含着美和善，蕴含着文化和民心。有人说，一个无产者可以凭借着《国际歌》找到自己的同志，那么中国人凭借着京剧的曲调就可以找到自己的同胞。

中国人民在革命、建设、改革的伟大实践过程中，觉悟不断提升，红色文化丰富了中华文化的内涵，拓展了中华文化发展的空间。

——文化自信来自觉醒的人民力量。

在我们的国土上，不光有雷电轰不倒的长白雪山、黄山劲松，还有那风雨不灭的井冈传统、延安精神！大庆风骨，张开长城一样巨大的手臂，把采油钻杆钻进外国人预言打不出石油的地心！通信卫星和神舟飞船，早已飞上祖先们梦里也未曾到达的白云之上。

——文化自信来自强大的国家实力。

我们那黄河一样粗犷的声音，不光响在联合国的大厦里，大声发表着中国的观点，也响在奥林匹克的赛场上，大声高喊着“中国得分”！当五大洲倾听东方的时候，我们骄傲，我们是中国人！

更多的时候，文化隐之于无形，却能产生摧枯拉朽的巨大力量，成为“中华民族到了最危险的时候，每个人被迫着发出最后的吼声”。中华优秀传统文化的基因，使我们不仅是血统上的中国人，更是文化上和精神上的中国人。

从“四个自信”迈向人生自信之路

当我们深入探寻中国共产党百年波澜壮阔的历史时，便会发现，这百年峥嵘岁月同样是构筑人生自信的无尽宝库。

我们常自感基础薄弱，充满无力感。回望历史，中共一大在嘉兴南湖的红船上启航，国内各地的党组织和旅日的党组织共派出 13 名代表出席大会，他们代表着全国 50 多名党员，毅然肩负起拨正中国革命航向的重任。这看似微弱的星火，却蕴含着改变中国命运的强大力量。他们凭借着对理想信念的执着坚守，在黑暗中摸索前行，为中国的未来开辟出一条光明大道。对于青年学生而言，无论身处何种困境，都应铭记这最初的起点，相信哪怕自身力量再渺小，只要心怀坚定信念，也能开启属于自己的伟大征程，这便是我们从党的初心中汲取到的自信之源。我们有时遭受挫折，失去了希望，然而有什么挫折能比红军长征更艰难呢？在前有追兵、后有堵截的情况下，八万多人只有不到三万人最后到达了陕北。但红军在困难中毫不退缩，爬雪山、过草地，跳出敌人的包围圈。红军在艰难困苦中紧密团结在党中央的周围，一边转移、一边寻找出路——北上抗日，向全国人民发出“停止内战，团结抗日”的号召。在这场挑战人类极限的挫折和困难中，“长征是宣言书，长征是宣传队，长征是播种机”，长征是以我们的胜利、敌人的失败而告终。这，就是理想信念的力量。

我们常觉得自己平凡而渺小，不被看好，看着身边那些光芒万丈的人，更觉得不可超越。抗美援朝时，谁看好百废待兴的新中国？纠集十六个国家组成的“联合国军”，多么强大！但我们取得胜利的结局和力量告诉我们，要敢于斗争、迎难而上，全力战胜前进道路上的各种困难和挑战，要敢于取得最终的胜利。

我们也会走弯路，在挫折中迷茫停滞。历史的车轮滚滚向前，党的十一届三中全会如一盏明灯，照亮了中国发展的新方向。在经历曲折之后，中国共产党果断拨乱反正，作出了将党和国家的工作重心转移到经济建设上来，实行改革开放的历史性决策。在学习中遇到困难和挫折时，我们也不应气馁，而是要总结经验教训，调整学习方法，不断取得进步。这种在修正中前行的智慧，会为我们的人生自信增添沉稳与坚定。

如今，我们正站在“两个一百年”奋斗目标的历史交汇点上。作为新时代的学生，要将“四个自信”真正融入人生血脉，将爱国之情、强国之志、报国之行融入实现中华民族伟大复兴的奋斗之中。我们承接了第一个百年的荣耀，让我们用充满自信的人生，去创造第二个一百年的辉煌。

“大中小”合奏法治教育美妙乐章

张吉山

人物扫描

张吉山，济南大学城实验高级中学思想政治课教师。主持参与多项国家级、省级教育教学研究课题，多篇论文在国家级、省级刊物或报纸发表，2020年主持的山东省教学改革项目“高中思想政治课‘双课堂’创新教学模式探索”顺利结题。荣获济南市优秀教师、济南市教学能手、济南市“百佳教师”、首期济南优秀教育管理者、山东学校优秀思政课教师等称号。

“合奏”主题共商定

2024 年 4 月 22 日，济南大学城实验高级中学与山东师范大学马克思主义学院、山东中医药大学马克思主义学院、齐鲁工业大学（山东省科学院）政法学院、济南市长清区第二初级中学、山东师范大学附属小学（长清校区）联合举办思政“大中小一体化”法治教育实践活动——“法律护航青春，素养助力成长”法律知识竞赛活动。

六院校政治组教师在深入教研基础上，确定活动的目的：进一步探索“大中小”思政学科各学段法治教育的有效衔接，设计并实施“大中小”法治教育衔接课程，实现“大中小”思政教学的纵向贯通；进一步提升思政课教学的针对性和吸引力，协作学校开展“大中小”法治教育系列实践活动，横向贯通“理论 + 实践”法治实践教学，实现思政“小课堂”与社会“大课堂”的有机融合，全面推动立德树人根本任务的有效落实。

六院校政治教师对活动设计的时代背景达成一致的认识。首先，青少年法治教育是新时代的召唤，思政课直接关系到“培养什么人、怎样培养人、为谁培养人”这个根本问题，青少年法治教育关系到国家人才培养质量，关系到党和国家事业发展全局。其次，“大中小”法治教育是思政课教学改革的需要，思政课存在着大中小各学段衔接协作不够、教学实施与社会现实脱节等问题，思政课教学亟须全面推进“大思政课”建设，亟须不断增强针对性、提高有效性，实现入脑入心。2022年7月，教育部等十部门联合印发《全面推进“大思政课”建设的工作方案》，发出了思政课改革的动员令，强调学校日常教学应坚持开门办思政课，强化问题意识、突出实践导向，充分调动全社会的力量和资源，建设“大课堂”、搭建“大平台”，推动思政“小课堂”与社会“大课堂”相结合，把鲜活的法治教育案例引入课堂，把渴望了解社会的学生带入火热的现实生活中，教育引导学生用敏锐的目光观察社会，用辩证思维、法治思维分析社会现象，逐步增强法治观念，成为堪当民族复兴重任的时代新人。再次，青少年法治教育是学生健康成长的需要。在学校生活中，个别同学是非观念淡薄、法治意识缺失，导致同学关系紧张，甚至发生校园欺凌事件，对涉事学生的身心造成极大伤害；在家庭和社会生活中，个别同学自我意识膨胀，凡事以自我为中心，导致家庭亲情关系紧张，不能合理有效地解决与他人的矛盾冲突，甚至发生一些青少年恶性犯罪事件。“大中小”各学段学校应共同关注学生法治教育，引导学生办事依法、遇事找法、解决问题用法、化解矛盾靠法，实现学生学法、守法、用法观念和能力的“螺旋式”上升，进而促进经济社会健康稳定、和谐发展。

“合奏”分工巧安排

2024 年 2 月，新学期伊始，六院校思政教师围绕“法律护航青春，素养助力成长”法律知识竞赛活动主题，对各学段思政教师的任务做了细致分工：小学思政教师负责组织学生排练法律知识情景剧，初中、高中思政教师负责知识竞赛题目拟定和参赛选手遴选，大学思政教师负责专家邀请和主持人培训。济南大学城实验高中作为活动承办方，负责活动场地准备以及活动用品的准备。

法律知识竞赛分工已定，准备工作千头万绪。初中、高中思政教师从生活实际出发编制竞赛题目，充分考虑必答题、抢答题、风险题的特点和试题难度，几易其稿。比如：针对竞赛题目中视频类法律背景题设计数量和内容的问题，各校老师在工作群展开激烈讨论，经综合考虑竞赛时长及前后内容的匹配度，最终选择设计一个适合参赛学生展示发散思维的视频题目；小学思政教师从设计情景剧到彩排，连续几个周末加班加点，在彩排过程中，老师们发现，两个情景剧同时展示容易使观众产生审美疲劳，对竞赛的总体效果产生不利影响，随后调整了两个情景剧的出场顺序。大学城实验高中思政教师负责创设优质竞赛环境和竞赛条件，在抢答器选用环节上，老师们先后探索各种工具，并集思广益，最终解决了这个问题。山东师范大学马克思主义学院王教授主动邀请山东中医药大学马克思主义学院、齐鲁工业大学法学院专家担任本次竞赛活动嘉宾，同时邀请到律师团队，众多专家的参与以及现场点评，为竞赛活动增添了浓墨重彩的一笔。

美妙“乐章”共分享

竞赛活动中，台上选手们你争我夺、唇枪舌剑，展开激烈竞答，赢得在场师生阵阵掌声。各代表队队员虽来自不同学校，又有年龄差距，但经连续几次彩排，他们已没有陌生感，有的只是知识点的相互弥补，是团结如一人的默契配合。其间，山东师范大学附属小学（长清校区）学子带来充满喜剧性、思辨性的法律情景剧，情景剧一：《狗咬人引发的思考》，通过演绎宠物伤人事件的处理过程，告诫人们如何依法维护自身权益；情景剧二：《邻里的疙瘩事》，通过孩子在校期间人格权受到侵害的事例，展现家长在处理纠纷时如何既维护孩子权益，又妥善化解与涉事邻居的矛盾。舞台上孩子们那略显稚嫩的动作和俏皮的眼神，将现场每位观众带入情景中，他们的精彩表演将整个竞赛活动推向高潮，人们也在轻松愉悦的氛围中接受法治教育。

竞赛结束后，六院校思政教师和与会专家围绕“‘大中小’协同推进法治教育”主题进行了集体研讨。山东师范大学附属小学（长清校区）刘校长做了《多措并举，打造“思政教育生态圈”》的报告，济南市长清区第二初级中学马校长介绍了本校独具特色的法治教育活动情况，济南大学城实验高级中学张老师做了《实践中推进协作校“大中小”一体化法治教育》报告，山东师范大学马克思主义学院王教授从专业角度解读了思政“一体化”建设的时代背景和实施原则方法，与会嘉宾深受启发。

此次活动切实突破了不同学段思政课教学的界限，为各学段的一线教师提供了一个共同交流、分享经验的平台，济南市长清区第二初级中学的李老师非常感慨地说：“以前在思政课备课中，我挖空心思调动学生参与课堂教学，效果总是不理想，这次法律知识竞赛，学生个个积极踊跃参与，很多同学课上课下追着老师问法律问题。”这次活动不仅是对思政课一体化教学模式和路径的一次有益探索，更是对推动思政课深入学生内心、影响其行为的积极尝试，竞赛现场同学们不断发出感叹：“今天的活动颠覆了我对思政课的认识，很喜欢这样的思政课。”参与本次竞赛的高二学生孙同学说：“很荣幸能够参加本次法律知识竞赛，通过比赛，我收获颇丰。在比赛前，为了发挥更好的水平，我认真分析了题库中的每一道题。在竞赛中，面对台下几百位同学和专家，既锻炼了我的心理素质，也锻炼了我的临场发挥能力。聆听到专业律师对案例精湛深刻的解释，我领略到法学中折射出的人文思想的光辉与伟大，深化了对思想政治学科的领悟。在赛后，我的努力成果也直观地体现出来，看到试卷中的材料分析题，我能够迅速准确地想到其对应的法律法条，在政治课上也更愿意表现自己，对法律也越来越感兴趣。总之，这次比赛意义非凡，给我留下了一段深刻的回忆。”初二学生吕同学赛后感慨地说：“每个人都有自己的专长和技能，有的人擅长分析问题，有的人善于组织和协调，还有的人具备创造性思维和解决问题的能力，我们在竞赛中合理分配任务，通过相互沟通和合作，能够将小组优势最大化，充分发挥团队的整体实力，取得优异成绩。法律知识竞赛教会我们的不仅仅有法律公平正义精神，更有合作精神和相互鼓励支持的精神。”

“乐章”续曲共期待

这次法治教育实践活动直面教育现实需求、服务学生全面成长，以“双贯通”为抓手统领思政课改革，通过“大中小”一体化法治教育小切口的改革，打通了不同学段的“阻隔墙”，打通了学校与社会间的“壁垒墙”，整合了小学、中学、大学、社会各种资源，调动了大中小不同学段教师的智慧，实现“大中小”育人铸魂、同向同行的目标。

思政课是落实立德树人根本任务的关键课程，思政课改革永远在路上。为进一步提升思政“大中小”一体化协同教研的针对性和实效性，发挥各学段思政课程的优势和特色，促进协作校立德树人水平的不断提升，经六院校思政教师商议，确定 2024 年度协作校教研主题为：“法治进校园”——“大中小”协同推进法治教育，并拟定了 2024 年度活动计划。我们共同期待，通过循序渐进的“螺旋式”上升，立德树人的目标定会实现。

追随信仰　卓越人生

——大思政课背景下共青团工作的探索

陈　侠

人物扫描

陈侠，山东省济南第三中学语文教师、教育管理部主任。荣获山东省优秀共产党员、山东省优秀团干部、济南市最美教师、济南市教书育人楷模、济南市出彩团干部、济南市我身边的好老师等称号，中共济南市第十二次党代会代表，记功表彰一次。主编《追随信仰　卓越人生》，参编鲁人版高中教科书配套《语文读本》教材、《做有品格的学生》读本等；主持参与省市课题3个。

高中时期对一个人的思想形成而言，是极为关键的阶段。这个阶段的学生，处于成熟与青涩之间，开始有了更多自己的想法，对家庭、学校、社会中的种种现象，不再像小时候那样全盘接受，而是会在心里默默琢磨。他们对未来既满怀憧憬，又有些许迷茫。即便在学业的压力下，他们依然会抽空去思考一些看似遥远却又十分重要的问题，比如人生的意义、自己的价值所在。他们的内心世界变得更加丰富和复杂，情绪也跟着变得敏感起来，可能因为一次考试的失利而沮丧，也可能因为朋友的一句鼓励而振作。但同时，他们毕竟阅历有限，判断是非对错的能力还不够完善。面对网络上五花八门的信息，难以一下子分清哪些是可靠的，哪些是可能产生误导的。在一些热点事件的讨论中，容易被舆论带“节奏”，缺乏深入的、自主的、理性的思考。所以，当时作为团委书记的我，时常在想：我们应该怎样开展思政教育，才能真正让高中学生入脑入心？我们可以推出什么样的引领措施，才能让青年教师实信愿行？

那一刻，逆向思维从我脑海中蹦出：从评价角度看，什么样的思政教育是有效的。我征询了一部分老师的意见，大家基本公认的答案是：能引导学生静下心来，从不同的角度去看待事物，不被表面现象所迷惑；能学会在思考问题时，把自己的情感和冲动先放一放，用更客观、更理性的眼光去分析，从而形成自己真正的观点，而不是人云亦云；还能教会他们如何把自己的想法恰当地表达出来——无论是在课堂发言中，还是在日常交流中。只有这样，在高中这个思想塑造的关键时期，学生们才能逐步成长为有独立思考能力、有理性判断、能清晰恰当表达自我的人，为他们日后踏入社会，成功应对各种复杂情况做好充分准备。

当我们有了向往的教育目标后，便迫不及待地付诸行动了。于是，我们以思想政治工作、教书育人、学生成长的“三大规律”为遵循，充分结合现实国情、时代特征和当下教育环境，立足教师和学生的“主动成长”，开始了“大思政课”背景下共青团工作体系的逐步构建。

明确课程目标，紧紧把住理想信念教育这个总开关

2018 年，全国共青团改革已启动两年，作为新任校团委书记，如何借力改革，确定正确的努力方向和高效的工作思路，是我需要直面的首要问题。共青团作为党的助手和后备军，肩负着为党育人的使命任务。而作为处在“源头性、基础性和战略性”地位的中学共青团，要以培养中国特色社会主义合格建设者和可靠接班人为根本任务，引导中学生坚定理想信念，传承红色基因，扣好人生第一粒扣子。于是，我决定要在思政团课这个领域建渠试水。

找到努力方向后，接下来的事情就是要形成思政团课的课程目标。经过反复研究，我们决定要立足高中学生世界观、人生观、价值观形成的关键时期，在团课的教育实践中，引导学生学而信、学而思、学而行，把学习成果转化为不可撼动的理想信念，帮助学生发现自我、认识自我，激发内生动力，明确人生目标，做好自我规划，实现自我价值。用理想之光照亮奋斗之路，用信仰之力开创美好未来。犹记得当我与小曲老师商议着写下这段文字的时候，我们内心百感交集，澎湃激荡。于是，思政团课的名字——“追随信仰，卓越人生”应运而生，跃然纸上。

但是紧接着我便察觉到一系列问题：首先，高中生已对诸多事物形成了自己的见解，并非一张白纸，这意味着我要在他们既有认知的基础上进行引导与修正，工作难度明显增加；其次，高中生面临着繁重的学业压力，在这种情况下，此研究在初高中阶段显得小众且成效难以预估；再次，思政团课教育能否符合家长们的期望、满足学生成长需求，实现与学生成长同向同行；最后，目前上级仅对团员尤其是入团积极分子提出了 8 学时的团课要求，尚缺乏更具体的团课指导细则。这一个个问题就像沉甸甸的石头，压在我的心头。

“他山之石，可以攻玉”，面对这些接踵而来的问题，我决定借鉴认知理论加以解决。美国学者凯尔曼提出人的态度形成包括依从、认同和内化三个阶段的理论，马斯洛提出的需要层次理论。在理论的加持下，我一气呵成，形成了《济南三中思政团课教育指导大纲（试行）》及《学校团课课程模块设置与参考课程目录》。

着力组建专业师资队伍，为思政团课教育教学筑牢坚实根基

在项目初期，我牵头精心搭建起一支以团委干部为组织核心、思政学科教师为理论引领、课程论教师为教学设计智囊的思政团课教师研发团队。团队成员凭借各自专业优势与教育热情，积极地开始了思政团课的初步探索与框架构建工作。至项目中期，我们正式成立“济南三中高中思政团课讲师团”。该讲师团肩负着极为重要的使命，全面负责思政团课的深度开发工作，以确保课程内容既贴合高中生思想认知特点与时代需求，又能精准传递思政教育核心要义；同时，讲师团成员还亲力亲为投身于授课一线，以丰富多样的教学方法与生动鲜活的教学案例，点燃学生们对思政学习的热情；此外，在各类思政教育活动的组织策划方面，讲师团也充分发挥其创造力与组织力，打造了一系列富有教育意义与实践价值的思政活动。通过系统规划与持续努力，我致力于打造一支具备崇高理想境界、坚定政治信仰、卓越教学能力的思政团课教师精英团队，为济南三中思政团课教育事业的蓬勃发展提供源源不断的动力与智力支持。在 2022 年全市七校联播的团课结束后，小陈老师兴奋地告诉我：“我太有成就感了，那么多孩子热情高涨，积极配合，整节课上下来，我真真切切地被故事里人物的精神打动了，我能感觉到学生们与我的共鸣。上思政团课太有意义了！”

以课题研究为依托，开发 436 思政团课课程体系

为了把工作更科学、更规范地完成，我与核心团队的老师们一起申请了市级课题。意料之中，课程内容开发是最费心力的部分。我发现常规团课的受众都是团员和入团积极分子，这部分人员在高中学生总数里占少数。实话讲，初任新职 1 个月里，就有 5 个学生来问我“什么是共青团”“入了共青团要干什么”这样的问题。原来我一直认为大众所熟知的团的基本知识，其实很多学生并不清楚，现实的学情是我们需要给所有学生介绍共青团。但如果团课覆盖到全员且不同类型群体，必然要考虑到学生对课程内容的不同需求。所以，课程内容开发必须解决思政教育的针对性问题。

那就把授课对象进行“四分类”，设计每个类别的课程目标及组织形式。第一，我们要面向全体高中学生，进行党团通识性认知教育，用生动活泼的素材向学生展现共青团的先进性，达成思想认知和价值认同的教育目标；第二，面向入团积极分子，立足为党培养青年后备力量的目标，用“小切口”分析“大格局”，多用“小故事”阐释“大道理”，用典型素材做到信念教育入情入理、入脑入心，达到拥护和热爱中国共产党、共青团的教育目标；第三，面向共青团员，以富有吸引力和感染力的课程内容，使学生树立以人民为中心的发展思想，厚植共青团员的爱党爱国情怀，引导学生把个人梦想融入实现中国梦的伟大实践；第四，面向优秀团学生干部，开展学生践行教育，培养学生思想引领和行动带动的能力，强化奋斗意识和奉献精神。通过这个金字塔式的育人模式搭建，进而提升了理想信念培育的针对性。

授课对象的细化让我们再次审视每个层次的课程目标，我和团队的老师确定这门思政团课的课程构成必须有三个维度（思想认知、价值认同、奉献践行）和六个具体的培养目标（认知、认同、拥护、热爱、担当、奉献）。同时，在进一步的课程设计中，我们不仅做到了整个课程体系有这六个培养

目标，而且每个维度下也均实现了这六个具体的培养目标。

开展“课内学习与课外项目组活动相结合”的课程组织形式，形成思政团课教育大课堂

课程设计大纲已初步成型，教师队伍也已成功组建，接下来的关键任务便是课程内容的精心开发与有效实施了。课程内容是否具备足够的趣味性与吸引力，是否能够吸引学生，将直接关乎整个课程的成效。我们深知不能局限于传统课堂的狭小空间，也不能依赖于刻板生硬的理论表述。对，让青年教师和学生一起打破教室的四壁，迈向广阔无垠的生活大课堂。在丰富多彩的生活中去探寻、去感悟，让那些鲜活的事例、真实的场景成为我们课程内容的生动素材，使学生在亲身体验与深入观察中，收获知识，塑造品格，实现思想与能力的全面提升。

于是，我们面向师生开展项目式研究，形成“党员+团员”“教师+学生”的项目开发团队，围绕理想信念教育主题，发挥教师和学生的主动性，让他们自己对身边的学习和生活、国际国内大事等内容进行筛选及加工分析，深化认识和思考，形成教育资源库；然后设计学生主动参与、自主生成、自主教育的系列理想信念教育活动——“中学生讲思政”“云端读书会”“教室里的党史馆”“学生领导力大赛”等；依托网络平台匠心开发“思政云课堂”“红心向党·党团共建读经典”“奋斗百年路，讲述党史情”思政公益团课视频等资源；由教师指导，学生设计脚本、拍摄剪辑，参与研发中央电化教育馆“中国梦·行动有我”全国中小学德育视频课程和教育案例征集展播活动《我爱你，中国共产主义青年团》校本德育课程视频资源。这一系列的活动，教师把握知识正确和学生活动安全两要素，其他均由学生为主体，自行开发设计，以此引导青年教师和学生主动成长，实现“卓越自我”的目标。

同时，我们还走进社会，开展校外生活实践，让信仰赋能生活。走进荣军医院，创建“录述荣军故事，传承红色基因”志愿服务项目；走进王尽美

与中国共产党创建史展陈馆、甄家村红色教育基地、董家新农村教育基地等，增强了思政团课的现实感、体验感和亲和力，促进核心素养落地。

创新思政教育评价，推动校内思政团课教育规范化

当前期一系列活动开展之后，如何评价活动的成效，以及如何让思政团课教育在校内形成常态化运行机制，成为我需要解决的问题。与此同时，2021 年，团中央下发了《中学团课教育指导大纲》，明确了团课的核心素养。基于此，我带领团队核心老师们开始探索多元评价体系，以团课核心素养为指向，立足学生成长，通过评价来提升团课的效果。我们尝试采用“大思政”实践体验活动等过程性评价和“评价问卷”“理论测试”等结果性评价相结合，学生自评和组织评定相结合，讲师团互评与专家评鉴相结合的主体多元化、内容多维化、方法多样化的评价体系，促进学生成为有理想、敢担当、能吃苦、肯奋斗的新时代好青年。

同时，我们将思政教育等级评价纳入学生综合评价系统，设定为学生选择性必修学分，让思政团课教育在校内常态化、制度化运行。

构建“大课程”、建好“大师资”、建设“大课堂”、建立“大机制”，一套组合拳打下来历时四年。四年里，我们惊喜不断，学生自发成立爱心团队，慰问节假日坚守岗位的民警，参加爱心献血活动，在各类文化馆开展文明引导活动。团队师生创新开发的《我爱你，共产主义青年团》课程视频资源，在中央电教馆网络平台展评，获山东省创新作品奖第一名。由学生主创录制的“红心向党·党团共建读经典”“奋斗百年路，讲述党史情”公益团课中的 5 个作品经过选拔，在央视网展播。学生获济南市新时代好少年称号 1 人，齐鲁生态环保小卫士 1 人，泉城生态环保小卫士 2 人，校“身边雷锋榜样”30 人，校品格之星 400 余人。已经毕业的孩子在大学第一批入党后，给我们发来照片，向我们报告自己的成长。更有很多学生担任了大学各类学生组织中的学生干部，给我们讲述思政团课对他们的帮助和影响。那一刻，我与团队的老师们

倍感思政教育工作意义重大。

同时，参与的老师们也收获颇丰。思政教育课程培育了一批信仰坚定、能讲授团课的教师。我们在全校范围选拔了33名青年教师，共同研讨教学方案，面向学生授课，课堂氛围活跃，深受学生好评。思政团课团队的老师受邀参与由团中央委员牵头的全国33校团课联培，并主讲“伟大信仰铸就辉煌人生”课程。通过线上平台直播，参与学生达30000人次。2021至2023年间，讲师团教师成长迅速，获得了多项荣誉，包括山东省优秀共产党员1人，山东省优秀团干部1人，济南市优秀思政教师2人，入选济南市未来卓越教师成长共同体1人，济南市中小学思政课教师育人关键能力一等奖2人，济南市中小学班主任育人关键能力大赛一等奖2人，济南市“走青春路，做育花人”一等奖2人，济南市出彩团干部1人，济南市优秀志愿者1人，济南市优秀团员1人。我们的课题顺利通过济南市规划办“十三五”课题结题。

我们将教学资源分析及教学设计进行了整理，课程中每一主题的备课资料和教学设计都得到了国内大学专业老师或大学党团相关领导的指导，确保了团课知识的精准。我精心撰写了每一个篇章的引言，将这本凝聚了团队师生心血的书稿交给了新华出版社。一段时间后，我们接到了新华出版社的正式出版通知。整个团队的老师们激动万分。2023年，《追随信仰，卓越人生》正式在国内发行，新华网进行了专题宣传推广。

六年里，我们紧跟时代发展，使团课走出教室，与实践结合、与生活结合，让学生参与其中，人人得到提升；打破思维定式，使团课活起来、火起来。我们会继续高举信仰的火炬，为党和国家培养更多可靠的建设者和接班人。

点亮远方与无数人的未来

——“大思政”视域下的育人之路

黑乃娜

人物扫描

黑乃娜，济南九中思政教师，学校学生发展部负责人兼年级主任。从教19年，自觉遵循“生命+实践”新基础教育理念，践行“教天地人事，育生命自觉”教育使命，在唤醒、激励、托举、成就学生的同时共赴一场以爱为名的育见之旅。现为济南市高中学科中心组成员，互联网+市级专家，济南市优秀班主任，省一师一优课省级优课获得者。

大思政课作为赓续红色血脉，启润心智、补足精神之钙的重要场域，具有重要育人作用。面对日新月异的教育新生态，面对新时代的新少年，面对层出不穷的教育新问题，我一直在不断的学习、实践和反思中坚守着最初的教育理想，不断地调整奋斗的方向和力度，以期能更好地回应和引领学生成长，许他们一段我能力所及的无悔无怨的中学时光！“无穷的远方和无数的人们都与我有关”，就是我经常挂在嘴边的一句话，我会在无数个迷茫彷徨的时刻，细细品味做一名新时代好老师的意义和价值。

麦田深耕——用厚植家国情怀的大思政课引领未来

学生在哪儿，思政课就在哪儿；哪里需要，我们就到哪里去。“心有大我，至诚报国”，讲好厚植家国情怀的“大思政课”，是我们当代思政课教师义不容辞的职责。坚持以核心素养为依托，以课程建设为核心，落实立德树人根本任务，着眼于学生的最近发展区，用心教学，潜心研究，创新凝练，争做教学改革的探索者和推动者。

（一）思政“常态课守正创新”的探索者

在教学实践中注重“启智润心，守正创新”，致力于倡导“新课堂改革”，力求提出有深度的议题、贴合有热度的情境、开展有广度的活动、设置有梯度的问题、实现有温度的升华，着力打造富有生命力的活动型课堂，让思政课上得有滋有味、有声有色。推动“常态课革命”还有创新妙招，大思政拓展了教育空间，为课程思政提供了更为广阔的实践平台和教学资源，习近平总书记指出，“要高度重视思政课的实践性，把思政小课堂同社会大课堂结合起来，在理论和实践的结合中，教育引导学生把人生抱负落实到脚踏实地的实际行动中来”。依托校情评估将传统思政课延展到大社会领域，着力探索不同主题的“行走的思政课”。

长期以来，在思政课学习过程中，学生存在诸如“课本上写的理论是真的吗？”“老师课上讲的理论是对的吗？”“背过的知识真的有用吗？”的现实困惑。通过组建“行走的思政课堂”导师团队，我带领孩子们来到章丘三涧溪村，把《坚持和加强党的全面领导》这堂课搬到了真实的实践基地环境里，让学生形象生动地理解“乡村振兴，关键在党”，三涧溪村党支部就是“家”字头上那一“点”！

一堂思政课，入脑入心，还化为了行动，高二10班的学生在现场自发书写了“家”字，在“家”字的外围，班上每个学生都用自己的点赞手印绘出了一个红色的爱心，学生们把自己的这份“心意”献给了三涧溪村委。此次“行走的思政课”曾被济南时报、济南日报、济南教育电视台、闪电新闻、新浪教育等多家媒体报道，整合的“行走的思政课”相关课程资源同年被认定为济南市首批思政金课资源。

（二）“一根本四协同”的大思政模式倡行者

为进一步贯彻落实习近平总书记在学校思想政治理论课教师座谈会上的重要讲话精神，参照《济南市“双贯通”精品思政课改革建设工程实施方案》要求，结合学校校情，我和优秀的学校思政团队摸索出一条以思政课程建设为根本，思政课与党建团建相协同、与学校德育相协同、与师德建设相协同、与校本课程建设相协同的探索之路。经过不断地实践与探索，“一根本四协同”的大思政建设模式雏形渐显并日益完善。在教学实践中致力于通过思政课“双课堂”创新教学模式的研究，构建“生命智慧思政课堂”，增强思政课的吸引力和针对性，形成协同高效的思政德育育人模式。据此撰写的论文《基于校情的“一根本四协同”思政教育大课堂实践探究》获济南市“双贯通”思政课改革优秀论文一等奖。

作为主创者和践行者，我充分整合学校和社会资源，通过“思政大课堂”“聚合链世界”“青年马克思主义者研习社”（简称“青马研习社”）等项目，开展一系列党团学融合主题活动。秉承党建带团建理念，围绕“感悟初心使命，传承红色基因”的实践主题，将大思政课讲到王尽美与中国共产党创建史展陈馆；联动学校九安社团，围绕“关爱生命，救在身边”主题，将大思政课讲到营市街3520社区；联动学校九鼎辩论社，围绕“体验司法实践，感受公平正义”的实践主题将大思政课讲到历下区人民法院。最好的老师是生活，最好的课堂是实践，行者无疆，在我的引领和带动下，更多的思政教师也纷纷加入打造“跨学科融合的行走课堂”队伍中来。只有让思政课活起来，才能让思政学科核心素养真实落地，让思政理论入脑入心，真正发挥铸魂育人的作用。基于这些资源，我整合撰写的论文《基于“理论与实践贯通”的高中思想政治课社会实践活动设计原则浅析》荣获济南市“双贯通”思政课改革优秀论文特等奖。

（三）教学领域一路生花的收获者

“看似寻常最奇崛，成如容易却艰辛。”多年的踏实进取也使我在专业领域实现了一路耕耘一路收获。无论是山东省“一师一优课”省优课成绩的取得，还是山东省电教馆优质课评比一等奖的肯定，抑或是省市国家级多个项目组工作坊核心成员的认可，都是对我的肯定。尤其是近几年，我仍然通过自身的努力活跃在教学第一线，荣获济南市实践教学优秀课例和创新实践教学双一等奖，积极参与或主持多项省市级科研课题，参编多种学科专业刊物并有多篇文章发表在国家核心期刊。

作为核心成员，我助力学校于2022年成功申报成为济南市首批普通高中学科基地之一，并带领学校思政团队与山东大学、山东师范大学、济南阳光100中学、济微中学等学校建立了联系，加强“大中小一体化”的创新与融合。新机遇引领新征程，我将继续探索完善“一根本四协同”的规划策略，加快促进学科科研、师资传帮培养和成果转化，深化推进大思政育人模式的变革，为实现学校和区域高质量发展继续贡献自己的微薄之力。我坚信任何成绩的取得，背后都离不开学校的支持和同事们的倾智助力。站在新的时代起点上，奋斗的方向和意义愈加清晰。

无痕育人——用沁润生命的大思政融合式德育滋养未来

在育人实践中，我始终把坚定理想信念、传承红色基因、涵养家国情怀放在首位，不忘初心，立德树人，牢记为党育人、为国育才的使命。我深信，教育信仰的最高价值在于实现个体命运与时代发展同频共振，实现直面生命的完整教育。智慧地将学科思维与生命教育的本质有效链接，就是不断深化“以生为本”理念的过程。推进德、智、体、美、劳五育并举，全面发展，行以固本，聚能实践，突出活动育人，做有风景的德育思政。

（一）争做学生成长的摆渡者

小A同学现在是一名优秀的大一在读生，他在回忆起他的“老班”黑老师时这样说：“那是我要铭记一生的，护佑我度过至暗时刻的摆渡人。”

因为小A同学的家庭比较特殊，早年父母离异，妈妈身患癌症，经济窘迫，所以我一接手该班就发现了这个敏感自卑的小孩，走近他、关注他，做他的隐形保护人。现实的痛点就是下一个生长点，我鼓励他参加学校的国旗护卫队，推荐他当英语课代表，见证着这个孩子从最初的自我怀疑变得自信从容。我特别喜欢看这个孩子扬旗时自信从容的样子，也能感受到这个小孩与命运死磕时的倔强与坚定。心向阳，自然见成长，如今这个大男孩不仅将英语变成了自己的优势学科，也凭借优异的表现在大学里崭露头角。他一次次地与自己赛跑、又一次次地超越，真正做到了优于过去的自己。

对学生最好的唤醒就是全力以赴地托举和成就，让他们都拥有“根植于内心的修养，无须提醒的自觉，以约束为前提的自由，为别人着想的善良”的成人底色。正是这一个个被唤醒和滋养的闪亮生命个体，诠释着我作为“老班”的价值。持续多年向下扎根，引领生命向上生长，我连续多年在校主题班会评比中荣获特等奖；所带班级多次被评为校级、市级优秀班集体；在济南市首届中小学关键育人能力展示活动中荣获一等奖；被评为济南市优秀班主任。

（二）勇做雁阵效应的领航者

不要鹰一样的个人，只要雁一般的温暖团队。我结合现在年级管理的实践，坚守育人前沿，搭建多个平台，促进“雁阵”教师队伍专业成长。

作为年级和项目团队中的“头雁”，我结合团队年轻化的现实特点，致力于通过点对点、面对面的指导和传帮带，打造项目团队和年级团队，形成“头雁领航，雏雁紧随，群雁齐飞”的雁阵效应。创建三聚项目组（聚星、聚力、聚能），赋能高考多元化突围；开设“治班一招鲜”德育故事分享专栏，提升“职场小白”的综合能力；培育“聚合链世界”市级创新项目；打造有信仰、善学习、敢担当、有实效的“聚 YUE 力量”青年联盟，让更多的“雏雁”在活动中历练，在历练中成长，让更多的年轻教师尽早尽快掌握智慧教学、幸福育人的管理密码。

现如今越来越多的年轻教师在这种引领与示范下脱颖而出，在各种平台和活动中大放异彩。我带领的年级团队中有 7 位青年教师入选济南市教育局首届新课堂项目。由我牵头成立的“聚 YUE 力量”青年联盟成功被团市委命名为“济南市青年文明号”，学校团委被团省委授予“山东省五四红旗团委（出彩型团委）”荣誉称号。

（三）乐做生命教育的践行者

作为德育团队的核心成员之一，我始终奉行“活动即教育、生活即教育”的沁润理念，摸索并完善“生命 + 实践”德育序列化内容及实操流程，帮助学校打造和丰富“生命 + 实践”的德育品牌。从三人成列、大声问好、垃圾分类、原样交接到“五有教育”（眼中有光、脑有智慧、脸有微笑、心有善念、脚下有路）德育体系的构建，在德育实践中通过生命叙事、生命体验、生命关怀和生命引领等途径，积极构建生命化德育工作网络，实现呵护学生自然生命、完善学生社会生命与滋养学生精神生命的有机统一。在这样充满生命色彩的德育体系引领下，学生会更加充分地感悟生命的价值和精彩，更加真切地感受生命的丰盈和美好，最终走向生命自觉。

注意力是一种可以滋养生命的力量，注意力在哪里，结果就在哪里，教育生产力就会在哪里。作为生命关怀的践行者，我们看到孩子们能在百家万卷中以史为鉴锤炼思想；也能在物竞天择中探寻真理讴歌自然；能在诗词音律中发掘美感享受生命；也能在实践润泽中自律成长和谐共生。育人的过程很奇妙，与其说我们是在引领学生，其实也是自我治愈的过程。投之以坚韧，报之以精进；投之以善良，报之以珍重；投之以乐观，报之以绚烂。你所期待的恰恰是你所收获的，生活就这样悄然变得越来越美好。

念念不忘，必有回响。通过近几年的持续努力，学校成功入选首批 30 所社会与情感能力培养示范校，连续两年摘得“潜心育人榜样”荣誉，学校生命教育成功入选济南市第三届中小学德育品牌。生命既是教育的逻辑起点，又是教育的最高目的。生命教育就是让教育真正回归，让教育真实美好地在校园内发生，引领学生学会用大格局去品味教育的幸福内涵，去感悟生命拔节的力量，让每个生命成为更好的自己。

坚守初心——用可抵万难的热爱与坚守创造未来

罗曼·罗兰说：“世界上只有一种英雄主义，那就是在认清生活的真相之后，依然热爱生活。”唯有热爱可抵万难，有温度的教育一定始于初心、忠于热爱、成于坚持。

（一）甘做以时光为印的坚守者

古人将时间分为十二时辰，记载光阴与深情。在哪里聚焦，就会在哪里绽放！早上 6：40，教学楼里有一个穿梭于各楼层、各教室查看“早读三段式提醒”的熟悉身影；上午 9：40，操场上有一个必须见证孩子们把运动的汗水挥洒在跑道上的“铁面监工”；中午 12：30，化身“年级陪聊员”，走到哪聊到哪，在各类学生感兴趣的话题中自由切换；中午 1：15，在确保每一个班级都巡视完毕，孩子们均已安然午休后，才会换来属于自己的“短暂中场休息”。下午 1：50，巡到哪个班都会跟随着正在开展的“班班有歌声”活动低唱上几句，慢慢地竟也在唱歌领域与 00 后的新生代找到了共鸣；下午 2：00—5：00

之间，是那个随时会出现在后门处的“窗可贴”；晚上6：20会深入到各班，成为“九宫格作业图示”的提醒员和随时指点江山的“编外老班”；其余的时间穿梭于各种德育分享、教学论坛、专项会议、班主任办公室和课堂间，这就是属于我的“教育十二时辰”，学生常常调侃我是自带发动机的“太阳”，热情高涨且光芒万丈。

（二）誓做点亮教育心灯的续航者

教育具有通向未来的力量，弘道育人必须不忘本来、吸收外来、面向未来。要有放眼世界、胸怀天下的教育家追求。教育是生命的美好轮回，每一次轮回最大的成就居然是“学会放手”。看着一次次用生命力量托举过的新生命展翅高飞，一次又一次斗志昂扬地原路返航。不免感慨这一季又一季的轮回，这一场又一场的来来往往，会直达白发苍苍，会直达暮年夕阳。

站在更高层次的生命原点，我能做的就是始终坚守着最初的教育理想：“捧着一颗心来，不带半根草去。”一代人有一代人的使命，一代人有一代人的担当，新时代“大思政课”我们更要善用之。我坚信唯有紧扣时代脉搏，用责任和奋斗去接续作答，才能更好地回应一代代学子的青春之问、时代之问、未来之问。未来已来，浇花育心，培根铸魂，功成不必在我，功成必定有我。

高中思政课培育学生政治认同素养的实践探索

董　亚

人物扫描

董亚，山东省济南中学党委副书记、校长，济南市政府督学，山东师范大学研究生合作导师，山东省优秀德育工作者、济南市领航教育工作者、济南市政府三等功获得者、济南市职工职业道德建设标兵、济南市五一劳动奖章获得者、济南市教学能手、济南市学科带头人、济南市教育科研先进个人，多次获省级教育科研成果一等奖。

新课程改革如何推动核心素养的落实，已成为政治教师普遍关注和思考的热点。新课改的一个显著变化是将思政课程定位为以培育学生思想政治学科核心素养为主导的活动型学科课程。通过一系列活动及其结构化设计，着眼于学生的真实生活和长远发展，使理论观点与生活经验有机结合，让学生在社会实践活动的历练中，在自主辨析的思考中感悟真理的力量，从而达到立德树人的目的，实现课程思政的目标。

新课标的修订凝练了学科核心素养，主要包括政治认同、科学精神、法治意识与公共参与。政治认同素养是首要素养，旨在培养学生拥护中国共产党的领导，坚持和发展中国特色社会主义，认同中华人民共和国、中华民族、中华优秀传统文化，弘扬和践行社会主义核心价值观。学生只有具备高度的政治认同感，才能明确目标，坚定理想信念，成为合格的社会主义建设者和接班人。

我国当前正处于改革转型的关键时期，培养学生的政治认同，使其能够做出符合社会主义核心价值观的判断和选择，坚定拥护党的领导，认同国家、民族、制度和文化，具有划时代意义。而身处信息化时代，学生面对色彩斑斓的资讯，接收多元化信息，这使得他们在面对课堂上传递的主流信息时，往往采取不信任和怀疑的态度。很多学生关注负面新闻，有时老师选择回避此类现象，这导致政治认同感的培养变得困难，育人效果难以实现。还有一部分学生将政治课堂视为道德说教和僵化知识传播的场所，他们并不关心时事政治，往往是以应付的心态来对待学习任务。如何真正扭转这种局面，在政治课堂上加强政治认同感教育，是一个值得思索的问题。

渗透时政活动，获取政治认知

思政课通常采用理论讲解的方式教授内容，很容易让学生产生刻板说教的感觉；仅仅停留在书本知识的宣传讲解，会令学生缺乏真实感、认同感和信任感。思政课绝不能仅仅依赖教材，应该紧密联系生活实际，密切关注时政讯息，才能帮助学生了解思想政治的学科特性，改变学生对思政课的传统印象。因此在教学中应注重补充时政信息和社会热点，帮助学生形成正确的政治认知。

为了让学生关注时政信息和社会热点，我不仅在日常课堂教学中让学生进行时政介绍，还设计开展相关比赛活动。高一和高二年级在每年 12 月中旬开展“我选十大新闻”活动，学生结合平时积累的时政新闻，联系所学知识，评选他们认为本年度最有价值的国内新闻和国际新闻。一开始，学生交上来的新闻五花八门，找不到重点，我就带着学生依据课本进行梳理，给出大方向，帮助学生缩小范围，学生在几次修改的过程中会不自觉地更加关注这些时事，因为付出了很多心血和精力，所以他们会非常关注最后的结果。元旦过后，我以人民日报官网公布的十大新闻结果为依据，根据学生的准确率进行颁奖表彰。获奖学生在喜悦之余，牢牢记住了当年的重大时政热点。这时我还会借助颁奖的时机，鼓励学生分享自己的见解，进行引导，将时政与教材相结合，让学生在时政变化之中感悟祖国的发展，关注世界局势的变化。在 2023 年的学生票选十大新闻之国内新闻中，相当多的学生关注我国的低空经济、C919 国产大飞机、“一带一路”高峰论坛等，这折射出学生内心强烈的国家自豪感和荣誉感。开展时政活动，帮助学生获得政治认知，感悟国家时代巨变，体会国家强大奋进，从而认同党的领导，增强道路自信、理论自信、制度自信、文化自信，通过获取政治认知为课堂上实现课程思政育人实效奠定基础。

到了高三，除举办上述活动之外，我还组织学生开展“时政述评活动”。学生从近期的“博物馆热”“考古热”现象说起，在“我们从哪里来？我们走向何方？”的追问中深刻领会习近平总书记提出的“两个结合”的重大意义，进而深刻理解习近平文化思想，最终得出“思想之光，必将照亮前行之路；必由之路，必将创造更大辉煌”的结论。通过这一活动，让“躺”在书本中的知识点“动起来”，让“飘”在课堂外的时政热点“飞进来”，让“严肃而遥远”的高考试题“触手可及”，让思政课堂生动活泼，让政治认同这一目标在认识问题、分析问题、解决问题的过程中潜移默化地达成。

立足新课堂，增强政治认同

《普通高中思想政治课程标准（2017年版2020年修订）》指出："要运用多种方式、方法，引导学生自主学习、合作学习和探究学习，强调学生的活动体验是其思想政治学科核心素养发展的重要途径。"面对新课程、新高考、新教材，需要新课堂。构建新课堂要落实新理念，让核心素养落地生根；要富有新效能，持续关注学生的学，凸显学生的主体地位；要具有新结构，围绕议题，创设贴近学生实际的情境，制定层层递进的任务，设计丰富多样的活动，以严谨正确的观点为支撑，做到教学评一致。这样在新课堂中构成完整的素养化框架和进阶式学习形态，促进学生真实学习、深度学习的发生，给学生正确的思想政治方向的指引，赋予课堂教学以生命的意义。

我在讲《始终坚持以人民为中心》时，紧紧围绕着"中国共产党始终坚持以人民为中心"这一核心观点，设置"从党的奋斗历程看党如何始终坚持以人民为中心"总议题，将党的百年辉煌历史分为三个阶段，结合三个环节层层推进。

在讲第一个环节"百年风华历史丰碑"时，以"永远的丰碑"为主题，搜集学生最敬佩的共产党员先进事迹，开展项目式学习。其中一个小组搜集了焦裕禄的感人事迹，在讲到他为了抵抗病痛把椅子扶手都磨烂的时候，他们不禁泪花闪烁，这种情绪也感染了在场的每一位学生。通过这样具体鲜活的事例，让学生更近距离地感受到了共产党员的坚韧与为国为民的决心，引导学生明确中国共产党与中国人民的关系，体会中国共产党的性质、宗旨、根本立场在生活中的具体表现，感受中国共产党始终坚持以人民为中心的信心、决心和行动。

第二个环节是"圆梦小康，乡村振兴"，通过日照绿茶探索以组织创新引领乡村振兴的生动实践创设情境，组织学生小组合作探究党带领人民振兴乡村的生动实践，进一步诠释党的执政理念。从中央一号文件到具体鲜活的案例中感受党中央和基层党组织为乡村振兴所做的努力，引导学生理解中国共产党始终坚持立党为公、执政为民的理念。

讲到第三个环节“新的征程自信前行”时，让学生化身小记者采访身边的市民对于2035年和2050年的美好期盼，学生在对小记者这一身份充满惊奇的同时，也采访收集到了他们出乎意料的答案：市民希望到那时退休金更高，孩子上学更方便，更多的人希望养老设施、养老服务更加健全，也有市民非常关注国家科技发展，畅想着我们能够自由遨游太空的场景……这也让学生对于党所提出的宏伟蓝图不只停留于国家文件、课本知识上，而是有了更加具体的印象，同时也激发了他们的各种奇思妙想。最令我欣喜的是，他们意识到了到2035年和2050年，他们将是强国建设的中坚力量，在他们身上，我突然看到了一份沉甸甸的责任感。于是我顺势提出“为了实现党提出的宏伟蓝图，青年应该如何作为”这一问题，让学生从当下和未来去思考自己能做些什么。这激励青年学生坚定马克思主义信仰、中国特色社会主义信念、中华民族伟大复兴信心，立报国强国大志向、做挺膺担当的奋斗者。

三个环节环环相扣，从宏观到微观、从理论到实践，从过去到现在再到未来，从广阔的历史视角出发，聚焦“中国共产党始终坚持以人民为中心”这一鲜明的价值取向，通过运用新时代的伟大变革的成功案例，充分发挥红色资源的育人功能，揭示了中国共产党先进性密码，于“润泽”中实现德行养成，增强了学生对中国共产党的政治认同和情感认同。

举办模拟政协，践行政治认同

新课改将思政课定位为以培养学科核心素养为主导的活动型课程。我认为，活动型课程既包括思维活动层面，也包括操作类或实践类活动。基于学科特性，思政课堂更多以思想碰撞、思维活动为主。然而，仅仅局限于课堂教学是远远不够的。为了增强学生的政治认同，必须充分发挥生活实际和社会现实的鲜活作用，不断拓展实践育人的空间和阵地，让学生在实践中获得深刻感知和切身体验。

讲到“中国共产党领导的多党合作和政治协商制度”时，我引导学生了解我国政党制度的优势，感受人民政协的巨大力量。为了打破知识的单纯灌输，我们组织学生开展“模拟政协”活动，高一年级学生以班级为单位初步组建模拟政协小组，确定议题，利用寒假、周末时间进行调研；在老师的指导下修改提案，完善方案。然后小组进行展评，由教师和同学投票选出班级最佳提案，代表班级参加校级模拟政协活动。在这一过程中，我们看到了学生“不为人知”的一面，有视频制作小能手、社会新闻主持人、犀利提问小记者、奇思妙想小策划……通过这一平台，加深了师生之间的交流互动，也让我在之后的授课中更有针对性和亲和力，因材施教的同时因势利导，发现学生隐藏的负面思想，及时引导其改正，真正做到启智润心。

2023年，我们学校的模拟“政协小委员”走访了济南市12所学校，对学生、班主任、心理健康教育教师和校长、学生家长等进行重点访谈，并利用线上线下相结合的方式投放调查问卷。通过查阅相关资料，分析问卷与访谈内容，小委员发现当代高中生的心理状况复杂多变，家长面对学生心理状况的复杂性感到难以应对，学生自身也难以及时调整心态。然而，当前高中心理健康教育属于地方课程和学校课程，在课程实施方面缺乏一定的指导和规范。这些问题凸显了将高中心理健康教育课程纳入国家课程的必要性。我们在收集汇总各方意见的基础上，从“纳入国家课程体系，开发丰富的课程资源”“配齐配足心理教师，合力打造专业团队”“明确课程评价标准，科学制定评价方案”“定期开展家长课堂，形成家校教育合力”“健全青少年心理健康教育监督管理制度”五个方面提出更具可行性的建议，最终形成了《关于将高中心理健康教育课程纳入国家课程体系的提案》。暑假期间，小委员携提案参加了第十届全国青少年模拟政协活动，并取得优异成绩。

学生通过走出课堂，开展模拟政协活动，参加模拟政协比赛，切身体会到政协委员的职责，感受到政协参政议政、政治协商、民主监督的职能，更加直观地感受到我国政党制度的优越性和实用性，从而提升了学生对于政党制度的政治认同感，使他们自觉认同我国广泛性、民主性、真实性的政党制度，增强学生的制度自信，坚定走中国特色社会主义道路的信念。我们学校借此机会成立模拟政协社团，将活动渗透至学生日常生活中。此外，我们还邀请政协委员进校园，与学生面对面交流，以自身经历引导学生加深对人民政协和我国协商制度的理解，并通过展示优秀案例、讲解提案撰写需注意的问题等全方位指导学生学会撰写高质量的政协提案。

“引进来”与“走出去”相结合，不仅有助于培养学生发现问题、分析问题、解决问题的综合能力；也有助于增强学生的思想政治学科敏感度，提升学生的公民责任感；更加贴近生活实际，更能帮助学生转变政治学科背诵即可、脱离实际的刻板印象。

通过转变学科印象和情感态度，学生对教师与思想政治课程产生信赖感，提升接受度，从而增强政治认同感。

只有贴近生活、贴近实际，才能让课程具备真实性和价值意义，从而扭转学生认为思政课空洞、虚假、“背多分”的刻板印象，激发学生的学科重视度，使其产生政治认同。

直面现实问题，升华情感认同

思政课教师多采用主流信息作为课程资源，开展正面教育。当前互联网信息资源丰富且开放，学生不可避免地会接触到一些负面信息；加之高中生现在处于自主思考、勇于质疑的成长期，往往对社会负面新闻夸大其词，放大阴暗面，从而对思政课产生不信任甚至敌对情绪。这就导致思政教师不能再采用回避的方式面对负面信息资源；更不能采用一味强制否认的态度解决学生质疑。教师应该面对现实，直接应对负面信息与学生的质疑，在思想矛盾的冲撞中引导学生思考和辨识，提升政治认同感。

例如，讲“政府的权力需要监督”时，我引入“亿元司长”魏鹏远的案例，学生们对“亿元司长”贪污数额之巨大感到震惊。我让学生分享感受，帮助他们体会如果政府公权被滥用，可能会产生的社会危害，并在此基础上引导学生认识政府权力需要监督的必要性和重要性。

在学生知识认同的基础上，我引入“老虎苍蝇一起打”的反腐视频，展示中国共产党反腐的数据，帮助学生真切感受到中国共产党壮士断腕的反腐决心，并深刻体会到中国共产党整治党员队伍的重大意义与价值。我在讲解中帮助学生树立矛盾普遍存在的意识，强调我们不能回避矛盾，而应面对矛盾、分析矛盾并解决矛盾。这样，学生便会感知到中国共产党不断发展、砥砺前行的巨大生命力，增强对中国共产党的认同感和崇敬感，自觉拥护党的领导，坚定地做社会主义事业的建设者和接班人。

再如，讲到“伟大的改革开放”一课时，我从百年变局和世界疫情交织的国际局势创设情境：面对全球经济增长乏力、逆全球化思潮和贸易保护主义抬头的现实情况，有人认为中国也应该“脱钩断链”，构筑“小院高墙”，减少世界经济不确定性和风险性因素的负面影响，并组织学生进行辨析，思考中国如何在未来“急流勇进”。学生在辨析中感受到对外开放给中国带来的巨大影响，得出“开放带来进步，封闭必然落后，中国开放的大门只会越开越大”这一结论，进而深刻感悟到改革开放的伟大意义。在讲“习近平新时代中国特色社会主义思想”时，我抛出“科学社会主义已经过时了”这一错误言论，请学生批驳。学生从社会主义在中国的蓬勃发展看“中国崩溃论”的破产和“社会主义失败论”的失败，用科学社会主义在21世纪焕发的强大生机活力有力驳斥这一错误观念，进一步坚定对社会主义的信心和对共产主义的信仰。通过辨析、驳斥等活动，让学生直面现实生活中的负面非议，引导学生在辨中质疑、在辩中解惑，从纷繁复杂的社会现象中去伪存真、明辨是非，进而认同中国特色社会主义道路、理论、制度和文化，认同中国共产党的领导，自觉践行社会主义核心价值观。

政治认同的形成是一个长期且动态的过程，教师应该以客观学情作为出发点，以现实生活作为基础构建平台，将学生活动与教师引导分析结合，实现情感的提升和知识的落实同步进行。坚持做到让学生内化于心、外化于行，坚持运用系统观念，不断探索和处理知识学习与全面发展、培养人才与满足社会需要、规范有序与激发活力等重大关系，从而有效提升思想政治教育的引导力。

润心砺行　玉汝于成

高　媛

人物扫描

高媛，济南旅游学校高中政治教师、班主任，济南市第二批双领军德育团队成员，入选第二届全国中小学班主任基本功展示交流活动典型经验名单。荣获山东省班主任基本功大赛高中组一等奖、济南市第十六届“走青春路，做育花人”主题教育活动一等奖、济南市班主任关键育人能力大赛特等奖等荣誉。

《易·系辞》有云：“鼓之以雷霆，润之以风雨。”唐代诗人杜甫在《春夜喜雨》中写道：“随风潜入夜，润物细无声。”“润”是一种向外的弥散之力，它如水一般，无定无形，却能弥散于万物之间，使其兴盛繁茂，这与培养学生的过程是极其吻合的。

在日常教育教学工作中，我是政治学科教师，一直承担班主任的工作，还是学校兼职心理老师，多重身份让我在教育实践中更加深刻地领悟到了教育的真谛。在与思政教育的协同中，我将“润”的理念贯穿始终。思政教育不是生硬的说教，而是融入日常的心理关怀中。将思政教育的价值观渗透到心灵滋养的过程中，滋养学生的思想之根，使他们在心理成长的同时，思想也得到升华，真正实现心育工作与思政教育的同向同行，为学生的全面发展筑牢根基。

缘起：由“不淡定”到找到“生命支点”

习近平总书记指出：“培养社会主义建设者和接班人，迫切需要我们的教师既精通专业知识、做好‘经师’，又涵养德行、成为‘人师’，努力做精于‘传道授业解惑’的‘经师’与‘人师’的统一者。”作为思政课老师，我不断提升专业素养，努力成为学生求知路上的引路人。此前，优异的教学成绩曾让我从容淡定、信心满满。然而，自从做了班主任以后，我却再也无法保持淡定。我也一直在思考，究竟该如何成为学生的“人师”呢?

记得那时，班级出现的每一个问题都让我焦虑得睡不好觉，像热锅上的蚂蚁一样焦灼和不安。晚自习纪律问题、手机管理问题、学生恋爱问题、学生顶撞老师的问题、学生相处不和问题、打架问题……看着身边的老班主任们每天井井有条，按部就班，而我尽管每天疲于奔命、费尽心力，却收效甚微，我就经常会陷入思索：嗯，我是真的不适合干班主任，我什么时候能不干班主任啊……这个想法萦绕在我的脑海里，非但没有让我的痛苦减轻半分，反而让我愈加焦虑不安和怀疑自己。

不是学生出了问题，而是我出了问题，我决定疗愈我自己。“疗愈”这个词我们常常在心理学中听到。确实，心理学让我的心灵打开了一扇不一样的大门，让我学会接纳现实、积极面对。

我曾经一度羡慕那些有着严肃面孔的班主任，他们的班级有严格的纪律要求，整体看上去非常有序。学生在班主任面前“不敢越雷池一步”，他们的一个眼神、一句呵斥都能让学生“抖三抖”。当时，刚当班主任的我也决定采用“高压”政策，我板着脸，制定严苛的管理制度，动不动就在班里“吼”两声。结果呢？我与学生的关系一度非常紧张，时不时就会因为手机、纪律等问题产生矛盾：学生在宿舍玩手机，手机要不要没收呢？一名家距学校很远的学生多次违反晚自习纪律，要不要让他走读呢？现在回想起来，当时的我总害怕管不好学生，总想用严肃的方式威慑住他们，但效果却适得其反。

我逐渐意识到，在教育这片广阔的天地里，和谐的关系是一切的前提，尤其是在我身兼班主任与学校兼职心理老师这双重角色时，对此体会更为深刻。当我从内心深处接纳了这一事实后，奇妙的改变便如春风化雨般悄悄降临。

一方面，作为教育者，我接纳了学生本来的样子。我常常这样告诉自己：“他们如果不闹，就不是他们了，这是他们这个年龄段活力与朝气的体现。”“如果他们各方面都优秀，要班主任干什么呢？他们的成长需要空间，需要我去理解他们的不完美。”在心理工作中，我更是以这种包容的心态去观察每个学生行为和情绪背后的原因。我知道，每一个看似“出格”的举动或许都是他们内心某种诉求的表达。于是，我通过心理问卷、个别谈话等方式，深入了解他们的心理世界，像一个耐心的解谜者，努力解开他们心灵的密码。

另一方面，我也接纳了我自己，并以最真实的状态和学生相处。我将我的带班风格、性格特点、对班级的期待和愿景与学生进行了坦诚的交流。作为心理老师，我还会向他们介绍心理辅导的意义和作用，告诉他们在成长过程中遇到心理困扰是正常的，就像天空有时会下雨，但总会有放晴的时候。我让他们知道，我在这里，既是他们的班主任，也是他们心灵的守护者。学生们感受到我的真诚，也乐意和我分享他们的心情和感受。无论是学习上的压力，与同学相处的烦恼，还是家庭关系的问题，他们都愿意向我倾诉。

在这个过程中，我注重将心育工作与思政教育紧密结合。在思政教育中，我通过讲述那些具有高尚品德和坚韧精神的人物的故事，引导学生树立正确的世界观、人生观和价值观。在心理层面，我帮助学生理解这些价值观对于他们内心世界的滋养作用。例如，当我们讨论勇敢面对困难这一思政主题时，我会从心理角度分析恐惧产生的原因，以及如何运用心理技巧克服恐惧，增强心理韧性。这样，思政教育就不再是空洞的说教，心育工作也不再是孤立的情感疏导，二者相辅相成，共同助力学生成长。

渐渐地，我的耐心、温柔和亲和力像磁石一般吸引和打动了学生，师生关系逐渐缓和，班级里弥漫着一种信任、温暖的氛围，这为心育和思政教育工作的开展奠定了坚实的情感基础。

在持续多年的自我觉察与成长历程中，我如同在黑暗中摸索珍宝一般，逐渐发掘出自己的“独一无二”之处，并找到了自己开展班主任工作和心理教育工作的“生命支点”。

我明白，不能盲目地模仿他人的教育模式，也不应妄自菲薄。在心理教育中，我用自己的真诚、真实作为钥匙，去开启学生心灵深处那扇真诚、真实的大门，努力唤醒他们内心的美好。我用心去识别每个学生的独特性和差异性，这是心育工作的重要基石。因为每个学生就像一颗独特的星星，有着不同的光芒和运行轨迹，所以思政教育也需要根据学生的不同特点因材施教。基于此，我逐渐形成了具有鲜明个人特色的带班与心育理念。在班级管理和心理引导过程中，我坚持营造和谐的氛围，不压抑学生的个性，让他们在自由呼吸的环境中成长，如同在春风中舒展的花朵。我追求自然的教育方式，避免生硬地灌输，无论是思政教育还是心理知识，都以润物细无声的方式融入学生的思维。我保持耐心，不急躁，深知学生的成长需要时间，就像一颗种子发芽需要合适的条件和充足的时间一样。我关注学生的每一个细微变化，做到细致入微，不粗糙行事，无论是情绪上的波动还是行为上的异常，都可能是他们内心世界的信号灯。我用温柔而坚定的态度以心育心，用温暖的怀抱和明确的原则为学生构建一个安全又有序的成长空间。

在面对学生所犯的错误时，我不再怨怼，而是从心理层面分析错误背后的原因，是认知偏差、情绪冲动还是其他因素？对于具体问题的处罚情形，我也不再纠结于简单的惩罚，而是将其转化为教育契机。从思政教育的角度，引导学生认识错误的性质，培养其责任感；从心育角度，帮助他们理解自己的情绪和行为模式，学会自我调整。在班级管理中，我更多地赋能学生，培养他们的自主意识和责任意识，这不仅是班级管理的有效手段，也是思政教育中培养学生独立人格的重要环节。通过这些努力，逐渐实现了班级管理的自治，学生在自我管理中提升综合素养，实现了心育与思政教育的有机融合、协同发展。

温润暖心，每一个孩子都需要被真实看见

加拿大著名教育学专家马克斯·范梅南曾说：只有当我们真正感受到教育作为一种召唤而激起我们的活力，让我们深受鼓舞时，我们与孩子的生活才会有教育学的意义。刚做父母的人，可能都有这样的经验：开始对宝宝的声音变得非常敏感，即使周围有喧闹的谈话声，也能听到卧室里孩子在小床上的动静——做父母意味着生活中有了召唤。那么，做老师就意味着我们与学生们相处之中也有了一种“教育的召唤”，就是让我们聆听学生需求的召唤。现在的我，遇到某个教育情境的时候，总会暗自问自己：你听到来自学生内心的召唤了吗？

作为教师，我们很容易关注到学生考试成绩的进步或退步和日常行为表现。当出现迟到、不写作业、上课犯困、晚自习说话等违纪行为时，往往瞬间就能让教师注意到并逐个进行诫勉谈话、写反思检讨等，很多时候我们只是简单地把背后的原因归结为学生行为习惯不好，缺乏家庭教育等，却忽略了孩子这些行为背后的内心需求：渴望被看见，被关爱；希望吸引老师和同学们的注意。

心理学的“冰山理论”使我理解到每个人的“自我”都是一座冰山，我们能看到的只是表面很少的一部分行为，而更大一部分的内心世界却藏在水面之下不为人所见。

还记得那个成绩优异却待人冷漠的男生小霖，一次政治课上，我正在讲“人生价值观”，他突然站起来说：“老师，我认为活着没什么意思，也没什么价值。”我愣住了，一个正值青春的孩子，为什么对生命发出如此悲观的感叹？

这些行为的背后其实是孩子对爱的呼唤和渴望！经过了解，小霖来自单亲家庭，妈妈在他中考那年不告而别，爸爸长期在外地工作，聚少离多，偶尔打电话，也只是询问学习成绩。班里不少在类似家庭环境中长大的孩子，他们不被关心、不被看见，爱的缺失让他们找不到生活的乐趣和生命的意义。

作为一名学校兼职心理老师，我始终秉持着不抛弃、不放弃每一名学生的信念，努力用爱去温润他们的心灵，让教育与心理关怀成为滋养他们成长的源泉，同时也使心育工作与思政教育同向同行，相互交融。在班级中我结合全环境育人要求精心建立了“两委双渠道”特色心理关怀机制，致力于营造一种涵容接纳的班级文化。其中一项重要举措便是增设心理委员。在班级里，班委是学生群体的主心骨，而心理委员则有着独特且关键的作用，他们是班级同学心灵成长的陪伴者。通过“朋辈支持”这一有力方式，心理委员能够给予同伴专注的倾听与温暖的心理陪伴。在学生们的日常相处中，很多因人际摩擦、学业压力而产生的心理问题，在这种适当的引导下，如同刚冒头的小火苗被及时扑灭。这不仅有助于学生心理的健康发展，同时也是思政教育中培养良好人际关系和积极向上学习态度的重要内容。例如，在处理同学间矛盾时，心理委员引导双方换位思考，理解他人，这与思政教育中倡导的包容、友善的价值观相契合。

“双渠道”则是指“师生心情日记”和“心灵之约”。每周一篇的心情日记，就像是一座心灵沟通的桥梁，让师生们得以用文字传递真情。在这个过程中，我不仅仅是一个阅读者，更努力成为学生的精神关怀者。我会从日记中捕捉他们心理变化的蛛丝马迹，挖掘其中潜在的心理问题，找到思政教育的切入点。比如，当学生在日记中倾诉对集体活动的不满时，我一方面关注其情绪背后的心理需求，同时引导他从集体利益和团队精神的思政角度去重新审视问题。

每月一次的“心灵之约”更是我与学生深度沟通的宝贵时刻。通过个别谈话的形式，学生在轻松平等的氛围中面对面向我诉说成长的烦恼。在这个过程中，我始终提醒自己要做到不评价、不分析、不判断，而是重感受、重尊重、重聆听，并适时给予恰当回应。当学生分享他们在面对困难时的犹豫和困惑时，我在给予心理支持的同时，引导他们树立勇敢面对挑战、坚持不懈的信心。通过这样的方式，学生们感受到自己被接纳和倾听，很多在情绪、学业和人际交往中所积压的问题自然而然就得到了释放和缓解，使他们在心理和思想上都能朝着更健康、更积极的方向发展。

小峥因为中考成绩不理想，找不到学习的动力，很迷茫，加上情感上的困扰，很沮丧。我们在谈话过后，他给我写了一张小纸条：“高老师，和您交流之前，我以为您会和别人一样说一堆没用的话，我自己知道，这类的话别人和我说再多遍也没什么用，可是和您的交流却不同，我没想到自己会止不住落泪。”最后，他说：“来到旅游学校前几个月，自己的状态很差，成绩更不像话，好在现在平静下来了，未来如何，我也不好说，但我不会再像以前一样了。”或许作为班主任，我们能改变的很少，或者改变不了什么，但我们可以陪伴孩子度过这段人生的迷茫期，为他的前行提供一些温暖的支持，这就是最美好的事情。

此外，我利用学科特色，将思政课程与班级育人有机融合，比如，最近学习法律知识，我发现大家对开庭审理的过程特别感兴趣，于是我利用班会的时间在班里进行了一次“模拟法庭”活动，学生在充满仪式感的现场，丰富了自己的法律知识，锻炼了法律实务能力。我还带学生走近黄河，领略黄河文化，传承黄河精神。学生的“召唤”带给我使命感和责任感，我把努力成为学生的人生导师作为自己的职业理想。

涵润励行，每一个孩子都有内在的力量和资源

心理学家卡伦·霍妮说：人生而具有自我实现的倾向，就像一颗橡籽终究要长成一棵橡树。每个人内在都有一颗力量的种子，教育者用赏识和期待，为这颗种子提供合适的阳光、土壤和空气，改变就会自然地发生。

作为老师，我们本能地喜欢那些品学兼优的学生，他们乖巧、懂事、学习习惯好、不惹事，希望自己班级里都是这样的学生，遇到一两个习惯差、经常惹事的孩子，就觉得自己真倒霉，真希望这个孩子是别的班的。我曾这样想过，也曾试图拒绝一个多次打架、行为规范不好的学生再次回到班级。但心理学知识的融入，让我看开了工作中的许多遗憾，多了一种看待他们的角度和对待他们的方式。

在我的带班生涯中，有些孩子，纵使老师努力开导，悉心教导，可孩子却不领情，更不知感恩，我也曾为此流下过委屈的眼泪，内心充满了无力感。小辉曾经带给我的无力感让我记忆犹新。高二分班后他来到我班，几乎每天都要迟到，隔三岔五还旷课，各种不良行为把他妈妈折磨得多次流下眼泪，说想放弃这个孩子。我一开始还宽慰家长，努力调整自己的心态，从各个方面试图去理解并感化孩子。怎奈我也有黔驴技穷的时候，努力到无能为力，我反而淡定了。我不再对小辉的错误焦虑，我选择只看到他闪光的地方，只说鼓励他的话。他捡到一百元主动交给我，我在班里大力表扬。他原来迟到一个小时，现在只迟到二十分钟，我微笑着肯定。他无故不来上课，我就联系好家长确认安全后，将今天老师讲的内容发给他。小辉的对抗表现渐渐消失，反而对学校和学习不再排斥。我选择相信每个孩子都有自己的花期，有些弯路是孩子在人生路上不得不经历的。我们若暂时没有更好的方法，那就耐心地陪伴他们度过吧。

每个人都想拥有价值感：我很重要，我能胜任。很多孩子出现的不良行为有一部分原因是没有找到自己在班级中的价值感。我想努力为每一位学生提供适合的、可供选择的教育活动，使每一个孩子都在班级活动的熏陶下变

得自信阳光。小杰在高二的时候明显学习动力不足，课堂上打瞌睡，作业也不完成，我多次和他谈话，也不见起色。经过观察，我发现他喜欢和同学就某个观点进行辩论，恰逢学校举办辩论赛，我鼓励他报名参加。抱着试试看的态度，他和队友们开始了认真准备，经过团队合作，最终为班级赢得了校辩论赛一等奖，他本人也获得了最佳辩手。当全班同学为他送去热烈掌声的时候，我看到他腼腆又略带自豪的笑容，内心十分感慨。那一刻，我由衷地为他感到高兴。之后，他的学习状态有了不小改观，态度也能积极一些了。他对我说："谢谢你，老班，给了我这么一个展示自己的机会，我现在对很多事情都有了信心，觉得自己能行。"

我相信每个学生都有闪光点，有长可扬，有潜可挖。在班级中使用"小黄鸭学习法"建立互助共同体，让同学们相互讲解答疑；开展"润心之星"系列评选，让有各种特长的同学，做班级的榜样；利用学校礼仪执勤、志愿者服务等，为每个孩子提供适合的、可供选择的活动，增强他们的参与感；还在班级中推行"微成就"管理法，努力让每个学生感到"因为我就是我，所以被喜爱着"。

润养共育，每一个孩子都渴望归巢的温暖

倡导涵容接纳的班级文化，增强学生的班级归属感。优秀的班集体是一个能量场，在班集体的维度上改变学生的态度或行为，要比改变个体学生更加有效。为了让他们在"被抱持"的班级环境中感到温暖和被接纳，加深师生之间、生生之间的情感联结，我运用团体心理辅导方法，精心设计了特色"润心式"系列班会课。从"自我探索"到"人际交往"，从"情绪ABC"到"与焦虑共处"，从"生涯规划"到"生命的意义"，在疫情防控期间，还特别开展了"我们在一起""疫动故事"等线上系列主题班会，着重增加同学间的感情联结。班会的主题往往来自学生们正在面临的各种困惑，有关于树立正确的感情观的，有关于如何同理共情化解班级矛盾的，有关于如何使用文

明用语、和谐交往的。大型考试前，我们就分享“如何拒绝内耗，正确面对考试”的经验；恰逢亚运会，我们就分享“体育精神能带给我们什么”的心得。小小的班会凝聚了大家的智慧，锻炼了大家的能力，也带来了不少的感悟。此外，我还利用课外活动时间开展丰富的心理拓展活动。“无敌风火轮”“心有千千结”“疾风知劲草”等，在轻松的氛围中让学生们能够相互理解和看见，也有更多被理解和被看见的机会。

在班会课的设计中，我还巧妙地融入思政教育元素。例如，在建立正确感情观的班会中，引导学生树立正确的价值观和道德观，明白情感交往中的责任与担当，这既是心理层面的引导，也是思政教育中价值观塑造的一部分；在化解班级矛盾的班会中，培养学生的集体主义精神和包容意识，让他们明白在集体生活中相互理解、相互尊重的重要性，这与思政教育中强调的团队协作和良好品德培养相契合；在讨论如何使用文明用语和谐交往时，更是将社会主义核心价值观中的“文明”“和谐”融入其中，使学生在提升人际交往能力的同时，增强对思政教育内容的理解和践行的自觉性。

我在班级还开设“红色启智”主题课程，开展“习语润心”分享活动，通过“课前三分钟微党课”品读《习近平谈治国理政》《习近平的七年知青岁月》《每日一“习”话》《平“语”近人——习近平总书记用典》，让学生感悟青春力量，获得成长的力量源泉。我相信一个青年学生只有具有家国情怀，才能从根本上坚定奋斗的信念，努力学习，在个人成长的道路上追求卓越，展现出新时代青年的责任与担当。

同频共振，提升家庭归属感。习近平总书记说：“家庭不只是人们身体的住处，更是人们心灵的归宿。”班主任要想更好地对学生施加教育影响，带好自己的班，就要和家庭组成“教育命运共同体”，建立良性的沟通机制。

为了融洽亲子关系，让孩子们更好地理解亲情，学会感恩，我每年都要在班级举办“感恩父母”主题班会，这也是帮助那些情况比较复杂、亲子沟通不佳的家庭实现心理互动的好契机。有一次我邀请了小霖的爸爸参加，在最后一个环节，我请到会的家长与孩子面对面站成一个同心圆。伴随着轻柔的音乐，我对孩子们说，请你看着爸爸（妈妈），用“对不起，请原谅，谢谢你，我爱你”这四个词分别组成四句话送给面前的爸爸或妈妈。孩子们说着、说着，就不自觉地抽泣了起来，班级里涌动着温暖，最后每个人都情不自禁地给了爸爸（妈妈）一个深情的拥抱。小霖和爸爸拥抱的这一幕，也被我定格在了相机里。照片中，小霖红红的眼睛，微微用力的嘴角，很让人动容。自此，小霖变得更加积极了，对他人和班级的事务也更加关心了。

每学期，我通过一次家访、一次家庭教育经验分享、互写一封亲子信、一份家校联系小报、一次感恩父母主题班会、一封给家长的公开信等方式，增进与家长的理解，保持教育同频。既让家长看到孩子的成长变化，找到教育孩子的信心，也让孩子看到家长的努力转变，理解父母的不易，真正实现让每一个生命在和润、温暖的环境中幸福成长的目标。

“木铎之心，素履以往”，成为学生的“人师”，需以真心关爱学生，理解他们的困惑，看到他们的梦想，用自身言行传递正确价值观。身为思政老师兼班主任，我更应以身作则。未来，我会怀着一颗赤子之心，扎根教育事业的沃土，用爱拥抱每一个孩子，用心滋润每一颗心灵，努力做到“经师”与“人师”的统一，为培养新时代青年贡献力量，让每个孩子都能在不久的将来遇见更好的自己！

以红色资源为笔　绘就大思政育人画卷

邢文晶

人物扫描

邢文晶，济南市长清中学思政教师。荣获山东省“优课”奖、山东省中小学青年教师素养大赛一等奖、济南市思政教学理论比赛一等奖、济南市青年教师竞赛一等奖、济南市“一师一优课”一等奖、长清区思想政治素质大赛一等奖、长清区优秀教师、长清区优秀班主任等荣誉。

聚焦立德树人　用好红色资源

红色资源承载着丰富的革命历史和文化内涵，蕴含着崇高的理想信念、坚定的爱国主义情怀、顽强的革命意志等思想政治教育元素，以其自身深厚的人文底蕴彰显了特殊的育人价值，是落实立德树人根本任务的重要支撑，是对学生进行政治认同、厚植爱党爱国情怀的鲜活教材。长清区红色资源丰富，有大峰山革命根据地纪念馆、王尽美与中国共产党创建史展陈馆、南黄崖村红色革命遗址、石麟山烈士陵园、卧牛山寨抗战遗址、一门三烈士纪念碑、山东老战士档案资料陈列馆、刘成德事迹展览馆、史元厚烈士纪念堂等，可利用性强，将长清区红色文化转化为中小学思政课教育教学资源，并通过思政课最终内化为学生对党和国家的政治认同，提升学生学科核心素养，有着扎实的理论基础和实践基础，切实可行且有复制推广价值。2023 年 3 月 16 日，济南市长清区教体局和济南幼儿师范高等专科学校王尽美思政教育学院签署校地教育合作框架协议，为加强长清区大中小学党史研究交流、深化党建文化研究、强化传承红色基因的大中小学思政课一体化建设提供了非常好的平台。

我校政治教研组带领学生参观位于济南幼儿师范高等专科学校内的“泉城之光——王尽美与中国共产党创建史展”，让学生与红色资源进行近距离的接触，在参观过程中让学生真正理解其精神实质，能够将红色资源中所蕴含的爱国、奋斗、团结等红色精神接续传承下去，用自己的实际行动践行社会主义核心价值观。

踏寻红色足迹　勇担育人使命

思政课是落实立德树人根本任务的关键课程。把思政小课堂同社会实践大课堂紧密结合起来，在理论和实践的结合中，真正让思政课成为厚植爱国主义情怀、播撒“四个自信”种子的沃土。基于此，我们本次实践教学的总体思路如下：

行程的第一步是师生共同参观展览馆的五个展区，看展览、听讲解，通过展馆内的历史资料和照片，了解王尽美的生平事迹，重温党带领人民艰苦奋斗的峥嵘岁月，领略王尽美等先烈崇高的革命精神，体会今天幸福生活的来之不易。

行程的第二站是去幼高专尽美演播厅观看红色音乐剧《尽善尽美》或山东梆子戏《王尽美》。通过观看音乐剧或者戏曲，直观感受王尽美投身革命、为党尽忠的短暂而又光辉的一生，并体悟新时代如何传承中华优秀传统文化和革命文化，增强文化自信。

最后一站，师生在学校专门负责人的带领和讲解下，参观济南幼儿师范高等专科学校的校园文化、校史馆和尽美广场，了解济南幼高专在弘扬尽美革命精神和传承红色文化等方面所做的大量工作，进一步加深对尽美革命精神的了解，明确新时代弘扬光荣传统、赓续红色血脉，把伟大建党精神发扬光大的重要性。

在总体思路的引领下，我们设计了实践教学的主要内容。

第一是聆听党史故事，传承红色精神。王尽美与中国共产党创建史展陈馆占地 380 平方米，共分 5 个展区，展出图片 160 幅。展馆以时间为主线，讲述了王尽美短暂而又伟大的一生。学生们在参观展馆并聆听讲解的过程中，感悟伟大建党精神的深刻内涵。学生在参观后，老师布置了相应的学科任务。

1. 选择展览馆中令你印象最深、感触最大的一张图片、一个事件或者一件文物，挖掘其背后的红色故事，写一篇 500 字左右的演讲稿，并在班内交流分享。

2. 王尽美是伟大建党精神形成过程中的重要参与者和坚定实践者，以“伟大建党精神与王尽美的思想和实践”为主题写一篇政治小论文，优秀作品将在校报上刊登。

3. 百年来，中国共产党构建起以伟大建党精神为源头的中国共产党人的精神谱系。请在课下搜集相关材料，选择一种或几种精神制作宣传海报。

通过学生亲身参观体验并完成具有开放性特点的学科任务，增强了思政课程的吸引力和感染力，抽象的理论知识变得具体可感，使学生能够直观感受到信仰的力量，激发爱国情感，增强国家意识和民族自豪感，促进个人成长与国家发展的紧密结合，自觉承担起时代赋予的责任和使命。

第二是观看文艺演出，感受文化魅力。作为王尽美的母校，济南幼儿师范高等专科学校积极挖掘红色文化资源，创作校园红色音乐剧《尽善尽美》和山东梆子戏《王尽美》。音乐剧《尽善尽美》以新时代大学生对校友王尽美革命足迹的探寻为主线，采用时空对话的方式，将革命的辉煌历史呈现于舞台之上，用音乐、舞蹈、表演等现代高科技舞台表现艺术形式再现了王尽美的革命生涯与革命精神。山东梆子戏《王尽美》将中国传统戏曲艺术与红色文化相结合，展现了王尽美自 1918 年辞亲别家赴济南求学，到接受马克思主义、树立共产主义信仰，再到积极从事党的创建和早期革命活动，终因积劳成疾罹患重病不幸英年早逝的故事。学生们在观看演出后，对王尽美的革命精神有了更深入的了解，同时也能感悟到红色文化的传承路径。在这个阶段，老师布置了相应的学科任务。

1. 化身小记者，对两部剧的创作者和演员进行采访，调查了解其创作的背景和过程，写一篇不少于 600 字的新闻报道，介绍该剧的特色和所要表达的精神内涵及文化意义。

2. 化身学艺生，现场向专家学习并表演一段山东梆子戏，并在课下搜集相关资料，了解山东梆子的历史发展过程和艺术特色，也可自己编排山东梆子戏剧目在学校活动上进行演出。

3. 化身文化观察员，请各位同学从以下剧目中任选一部进行观看：济南市吕剧院创排的现代吕剧《长歌尽美》、日照艺术剧院创作的现代吕剧《先驱·王尽美》，或是诸城市舜龙艺术团打造的大型现代茂腔《王尽美》。并思考在新时代背景下，传承和弘扬中华优秀传统文化和革命文化的路径。

文以化人，文以载道。文化自信，是更基础、更广泛、更深厚的自信。

在5000多年文明发展中孕育的中华优秀传统文化，在党和人民的伟大斗争中孕育的革命文化和社会主义先进文化，积淀着中华民族最深层的精神追求，代表着中华民族独特的精神标识。只有坚持从历史走向未来，从延续民族文化血脉中开拓前进，我们才能做好今天的事业。通过让学生现场采访、学唱等方式，直观感受中华文化的魅力，从而坚定文化自信，增强做中国人的骨气和底气，落实立德树人根本任务。

第三是感受校园文化，了解精神传承。济南幼儿师范高等专科学校成立了王尽美思政教育学院，该学院充分依托学校的红色教育资源，开设“尽善尽美尽年华”校本课程，实现了红色文化进教材、进课堂、入头脑。除此之外，学校还建设了王尽美广场，落成王尽美雕塑，以“一馆一院一广场一剧目”为主体，将学校打造成集历史文化、红色教育、党建示范和区域服务于一体的王尽美精神教育基地。这一系列措施使得王尽美精神得到更加充分的挖掘，教育传承手段得到进一步丰富，为教育系统、全市开展党史学习教育提供了宝贵资源。在结束学校参观后，老师布置了实践性的学科任务。

1. 作为新时代的青年，请你以“新时代弘扬和培育民族精神，实现中华民族伟大复兴的中国梦”为主题，写一份宣讲稿提纲。

2. 课下搜集相关材料，小组为单位以“家乡的红色名片”为主题，制作宣传展板，介绍宣传当地红色资源，为弘扬红色文化、传承红色精神尽自己的一份力量。

3. 查阅相关资料，在保持自身特色的基础上，借鉴其他省市区的做法，为我们当地如何更好地开展红色旅游提出建议，并通过官方微博、微信等途径向当地文旅局建言献策。

传承红色基因的关键在于实践。每个地区都拥有丰富的红色文化遗产，这些遗产见证了我们党历经艰辛而取得辉煌的奋斗历程，是我们最为珍贵的精神财富。我们要全面发挥红色资源的育人功能，把红色资源作为思政课的生动教材，让红色基因浸润“思政课堂”，通过红色宣讲、宣传本地红色资源等方式，让学生身体力行地传承红色基因、赓续红色血脉，自觉把爱国情、强国志、报国行融入全面建成社会主义现代化强国、实现中华民族伟大复兴的奋斗之中。

讲好中国故事　促进知行合一

思政教师想讲好思政课，必须讲好中国故事，让学生从心底里真正信服“中国共产党为什么能，中国特色社会主义为什么好，归根到底是因为马克思主义行，是中国化时代化的马克思主义”。王尽美与中国共产党创建史展陈馆等长清区丰富的红色文化资源为我们思政教学提供了更为广阔的空间和更真实的情境。这不仅丰富了教学内容，拓展了学生的视野，而且加深了学生对传承红色文化、弘扬民族精神的认识和理解，让同学们亲近革命文化的同时，接受一场红色教育，增强爱党爱国爱人民的情怀。近年来，我校不断将思政课堂搬到长清区各个红色教育基地，把红色资源巧妙融入思政教学中，让学生在直观感受和沉浸式学习中增强对思政理论的体悟，激发学生主动思考和积极交流。坚持理论性与实践性的统一，实现思政小课堂同社会大课堂的有机结合，让思政教育真正从书本走向学生心里，促进知行合一。我们的实践教学设计的问题具有开放性，形式多样，涉及的知识广泛，具有高度的综合性，有利于学生展开多角度、多层次、开放的思维活动，能综合评价学生的学科核心素养发展水平，重视培养学生的合作意识、探究能力、创新精神，同时题目设置具有层次性，也有利于不同水平的学生完成相关任务，让学生在活动中思维之花自然绽放，智慧之果自然凝结，无形中培养学生的关键能力和核心素养，真正落实立德树人的根本任务。

路漫漫其修远兮，吾将上下而求索。在利用地方红色资源铸魂育人的道路上，学校思政组进行了很多探索，也取得了丰硕的成果，在长清区第三届教育学术年会上，我们学校研究的《长清红色资源融入中小学思政课的路径探析》获得品牌项目一等奖。下一步我们将继续努力，在精准把握各学段思政课定位的基础上，深刻秉承地方红色文化的思想政治教育特征，创新红色文化的运用思路，利用红色资源铸魂育人，继续推进思政课内涵式发展。

在行走中焕发思政课的活力

李俊英

人物扫描

李俊英，济阳闻韶中学高中政治备课组长。工作以来获得多项荣誉，有《风雨百年，探究中国共产党的诞生与崛起》等多篇论文获奖，被评为2021年度济南市优秀思政课教师；2023年9月，荣获济南市领航教师称号；2024年6月，荣获中国教育科学研究院优质课一等奖。

“为学须先立志。志既立，则学问可次第着力。”这句古训常常提醒我，作为一名思政课教师，不仅要传授知识，更要培养学生的理想信念和家国情怀。尤其在当今世界百年未有之大变局下，党和国家正处于建设社会主义现代化强国的关键时期，思政课的价值更应深深植根于每一位学生的心田。然而，如何让这些理论脱离课本的束缚，成为学生的真爱？这是我不断思索的问题。

行走课堂的缘起与探索

几年前，我在课堂上看着学生们茫然的表情，心中充满了无奈。尽管我倾注心力地讲述着，却发现那些壮怀激烈的故事和艰苦卓绝的精神，似乎都无法穿透教室的空间，触及学生的心灵，难以产生真实的共鸣。

有一次，在与几位同事的讨论中，一位年长教师提到：“如果课堂走不进学生心中，或许是因为它没能走出教室。”这句话让我茅塞顿开。我决定尝试一种新的方式——行走课堂，把思政课从黑板前带到历史和现实的深处，让学生在真实的场景中去感知、去体会。

走进纪念馆，感受历史的温度

行走课堂的第一次尝试是组织学生参观济南战役纪念馆。筹备期间，我们提前为学生布置了预习任务：查阅济南战役背景，了解相关历史人物，写下自己希望了解的问题。

随着讲解员低沉的解说，学生们的表情渐渐严肃起来。他们看着橱窗里的战时物资和照片，眼神中透露出震撼与敬畏。当讲到某位年轻士兵牺牲时，我看到一名平时爱打闹的男生默默低下了头，双拳紧握。我问道：“你们觉得，他们是为了什么而战？如果是你们，能否做出这样的选择？”学生们低声交流起来，这是一种课堂上难得的情景——知识开始与情感共鸣。

这次行走课堂后，许多学生交上来的观后感不再是简单的总结，而是夹杂着他们真切的思考和疑问："革命先辈们的理想是什么？我们能做什么？"这种情感的激荡，是我以往在教室中无法企及的。我意识到，行走课堂让历史和理论从抽象的符号，变成了生动的故事和触手可及的现实。

情感共鸣促信念生成

接下来的行走课堂，我带领学生们走进了山东辛亥革命烈士陵园。在那里，我们不仅参观了烈士们的墓碑和纪念碑，还结合讲解深入了解了辛亥革命的背景和革命先烈们的英勇事迹。参观中，我安排了一个特别的环节——在烈士纪念碑前默哀和自由发言。

一开始，学生们站在烈士碑前，显得有些拘谨。然而，当我轻声说："如果这些人能站在你们面前，他们会希望听到你们说些什么？"这句话打开了情感的闸门。一位女生站了出来，声音颤抖地说："我从未真正想过，有人会为我们的未来而牺牲一切。今天，我明白了自由和幸福从何而来。"她的话语引起了共鸣，其他学生也开始陆续发言，有人谈到了祖辈的故事，有人谈到了个人的梦想与责任。

这场自发的发言会，成为学生们认识历史、感悟信仰的重要一环。从纪念馆到烈士陵园，学生们的情感被一次次点燃，他们开始不再将思政课视为"任务"，而是一种心灵的探索。这时，我深刻地体会到：情感共鸣，是思政课的核心，它是触及学生灵魂的那一束光。

知行合一的实践

我深知，教育的目标不仅是"知"，更是"行"。因此，在每次行走课堂后，我都会鼓励学生思考："除了感动，我们还能做什么？"一次课堂讨论中，有学生提出组织一次校内的红色文化宣传活动，将行走课堂中的所学和感受分享给更多的人。这个想法得到了大家的热烈响应。

于是，我们开始筹备“革命故事分享会”。学生们分组准备，有的写故事，有的画宣传画，有的制作视频，学校的每个角落都活跃着他们忙碌的身影。分享会当天，学生们站上讲台，用真诚的语言和作品展示他们的收获。每一个讲述都带着他们在行走课堂中的收获与触动，听众无不为之动容。

这种自发性的行动，让我看到行走课堂的真正价值：它不仅让学生学会感动，还让他们在行动中践行所学，成为思政教育的传播者和践行者。课堂之外的思政课，变成了他们日常生活的一部分，真正实现了知行合一。

遇到的挑战与应对之道

行走课堂的实施并非没有挑战。第一次组织学生出行，我为安全问题、活动管理、突发情况等事项焦虑不安。然而，我也清楚，如果让学生的思政教育停留在讲台上、黑板前，那他们收获的只能是浅层的知识，而非触动心灵的感悟。为此，我借助“互联网 +”技术，每次提前为行走课堂规划路线、收集学习资料和整理注意事项，让学生在出发前就对实践地点有所了解。此外，我还引入了线上平台，在行走课堂后，学生可以上传自己的体验与思考，与更多人分享。

另一个挑战是如何让这些行走课堂持续保持新鲜感和吸引力。我开始与当地的文化部门合作，探访更多具有教育意义的地点，如博物馆、革命旧址、现代科技创新基地等，让行走课堂的内容更加丰富多彩，涉及面更广。学生们的反响也十分热烈，他们在课堂反馈中多次提到：“每次行走课堂都让我感到期待和兴奋。”

经过几次行走课堂的实践，我逐渐看到学生在学习态度和生活方式上的转变。他们开始主动参与社会实践，有的学生在参观完法治教育基地后，自发组织法治宣传小队，走进社区进行普法教育；有的学生受行走课堂的启发，参与到志愿服务中，把课本上的价值观付诸行动。

有一天，一名曾在课堂上几乎不发言的学生找到我，告诉我他想申请担任校报的思政专栏撰稿人，用自己的笔触讲述那些他在行走课堂上学到的故事和感悟。我看着他眼中闪烁的光芒，心中一阵激动。正是这些热情和自发的行动，证明了行走课堂不仅“活”了起来，还在学生心中扎了根。

反思与未来的展望

行走课堂的实践让我明白，思政教育的成功不仅在于知识的传授，更在于将知识转化为学生心中的信念，最终转化为行动。教育不应是静态的，而是生动的、有生命力的。只有让学生在真实的体验中感知历史、触摸现实，他们才能从内心深处理解并热爱这门课。

未来，我希望将行走课堂与现代技术结合，探索线上线下同步开展的新模式，扩大课堂的参与范围，让更多学生在行走中学习、在体验中成长。我还将不断优化课程设计，让每一堂行走思政课都能成为学生心灵成长的助力。

行走课堂让我看到了思政教育新的可能，它不仅是一门课程的拓展，更是教育理念的革新。它让学生不仅记住历史，更珍惜当下；它让学生不仅学习知识，更践行信仰。只有这样，我们的思政课才能真正“活”起来，成为引领学生未来的光。

心有所信　方能行远

刘培喜

人物扫描

刘培喜，商河县第二中学政治教研组组长，第五期济南名师建设工程人选，济南市高中思想政治学科青年骨干教师，商河县高中政治首席专家，商河县表现突出教师、教学能手。荣获全国教学设计一等奖、山东省优课、济南市教学设计一等奖等荣誉，多篇文章发表在《济南教育》杂志上。

什么是信念？信念就是我们心中的那盏明灯，它让我们“千磨万击还坚劲，任尔东西南北风”；信念就是我们心中的那个理想高地，它让我们坚信“长风破浪会有时，直挂云帆济沧海”。一百多年来，中国共产党在共产主义理想信念的指引下，带领中国人民穿越历史的波涛骇浪，取得了一个个举世瞩目的历史成就。我们要让理想信念之光在青年身上闪耀，让他们站在理想信念的高地上，向着远方的目标奋勇前进，不惧艰难险阻。这是思政课的使命，更应是我们思政课的日常。

学习《中国特色社会主义》这本书时，有个学生带着疑惑问我：“老师，以前我觉得中国近代史就只是文字材料和课本知识，和我没有直接的关系，听了您的讲解，我觉得共产党人的理想信念真的是崇高而伟大，我为有这样一心为民的党而骄傲和自豪！”

我为学生的感悟而高兴，也对他原有的认知感到惊异。这让我深刻意识到，思政课绝不能仅仅停留在文字的传递上，无法真正触动学生的心灵，更难以坚定他们的理想信念。我们必须找到切实可行的方法，让理想信念与学生的实际紧密相连，让其在学生心中鲜活起来，成为照亮他们前行道路的明灯。基于此，我从以下几个方面进行了深入思考与实践。

师生共情，共筑信念高塔

习近平总书记指出：“思政课教师只有自己信仰坚定，对所讲内容高度认同，做学习和实践马克思主义的典范，才能讲得有底气，讲深讲透，才能有效引导学生真学、真懂、真信、真用。”教师信念是学生信念的鲜活模板，教师的一言一行都会对青年学生产生深刻的影响。

因此，要真学，长底气。坚定信念，需要有足够的知识储备。我们可以从马克思主义经典中汲取真理的力量；从党的故事、革命的故事、英雄的故事中汲取国家认同的力量；可以从中华优秀传统文化、革命文化、中国特色社会主义文化中汲取自信的力量；可以从总书记的讲话中感受到爱国的力量；

可以从人民的实践中相信奋斗的力量……用力量武装头脑，才能在诱惑面前不被迷惑。在学习《只有社会主义才能救中国》这一课时，我搜集了大量的历史资料，并结合学生实际，选用了当时热播的电影《长津湖》为切入点，从党和国家做出抗美援朝决定的历史背景、双方力量对比、我国的战略战术、志愿军战士的英勇无畏等方面进行了逻辑线式的剖析。情到深处，我哽咽了，我发现学生眼中也充满了泪水。或许，泪水就是学生对理想信念的最深表达。

要真懂，增志气。坚定信念不能只浮于表面，要结合具体事例真正深入理解。比如在哲学必修四的学习中，掌握矛盾特殊性知识时，具体问题具体分析是马克思主义活的灵魂。我选择从历史线角度研究矛盾的特殊性，这不仅让学生能够运用必修一的知识来巩固对思政课学习的信念，还能从中国特色社会主义的历史逻辑方面展现我们党坚持走中国特色社会主义道路的必要性、重要性和伟大意义。课前，我首先全面学习了列宁、毛主席等伟人的论述，以深入理解真理。此外，我还通过研究中国共产党的百年奋斗历程和取得的成就，并查找相关的具体实例，从而增强自己在学科上的自信和底气。课上，我从“鞋子合不合脚，自己穿了才知道”的道理讲起，让学生具体阐释一个国家走什么样的道路，这个国家的人民最有发言权。学生在知识与生活的串联中、在思维和理论的碰撞中，点燃了心中对共产主义的追求之灯。

要真信，强骨气。坚定信念就要用生活中的美好事物坚定自己和学生的信心。党的十八大以来，我国取得了越来越多举世瞩目的成就，从神舟系列寻梦宇宙，到国产飞机逐梦蓝天，从复兴号高铁载梦远方，到新能源汽车圆梦幸福生活，这些真实的生活情境就展现在学生面前，成为思政课鲜活的信念之源。在讲授《实现中华民族伟大复兴的中国梦》一课时，正逢 C919 国产大飞机正式商用，我组织学生通过画飞机、折飞机、试飞等活动，感悟中国飞机的梦想之旅；从开国大典飞机需飞两遍到现在国产飞机的升空，这些变化使学生爱国的信念更加坚定。学生在模拟国旗下讲话稿撰写中，写出了对中国共产党的领导和伟大祖国强盛的自豪，也写下了自己要努力拼搏实现梦想的决心。信念之花在学生身上绽放。

要真用，树豪气。思政课不是单纯说教，而是要指导学生进行实践。现实中一个个生动鲜活的事例正是用思政课指导实践的典范。小到认真打扫卫生时处理好个人和集体之间的关系、生活中不乱扔垃圾保护环境时处理好个人和国家之间的关系，大到国家热点事件中坚定地站在祖国和人民的角度，一桩桩、一件件都是在用思政课中的价值观和理论正确处理好国家、集体、个人三者之间的关系。在学习必修三《政治与法治》中有关基层群众自治制度一课时，我借助学生放假在家的有利条件，让学生做了一个社会调查——我身边的基层群众自治组织，让学生采访村委会或者居委会，了解他们的工作机制，并在开学后进行了课堂分享。如此，让课本知识与身边生活有机地结合在了一起，让学生坚定了道路自信和制度自信。

要真心，转观念。学生喜欢新颖的教学方式，我们要注重发挥学生的主体作用，教师要真正改变“大水漫灌”的传统教学模式，增强课堂的魅力。借助VR新技术，让远方的风景近在咫尺，学生能身临其境地体验知识的生成过程；通过模拟法庭，学生可以在小法庭中感受大法治，从而在参与中提升自己的法治素养；利用课前的几分钟，来一次爱国演讲，让爱国情感在每堂课浸润学生的心田；针对学生思维中的混淆点，准备一次课堂辩论；我们可以让课堂飞花令承载文化的厚度，使诗词韵律之美在课堂绽放；我们可以让经典阅读与思政课进行碰撞，让经典片段的演绎与思政课知识相衔接；我们可以尝试最新的大单元教学或项目式教学方法，在师生能力共同提升中提高学科核心素养。形式是内容的载体，任何能调动学生学习积极性的课堂形式都值得我们去尝试。

比如在讲授《政府：国家行政机关》这节课时，有位老师采用的形式就让人眼前一亮。他组织学生分角色模拟了一场电视问政，其中一部分学生模拟扮演政府各部门工作人员，另一部分学生就本地的实际问题提问，由相关部门人员作出应答。这样，什么事情该找政府处理，应当联系哪个部门，政府的职能有哪些，学生在交流探讨中自然而然就形成了答案。不仅学生的积极性得到了充分发挥，学生理论联系实际的能力也在不知不觉中得到了提升，对共产主义理想信念的认同也在实践中得到了加强。这种认同，正是思政课学科核心素养所要求的政治认同。

情感共振，赋予思政人性温情

学生的情感是需要共鸣的。当学生分享感悟的时候，我的认真倾听和认可，给了学生情感的共鸣。共鸣的思政课，让情感充满了人性的温暖，让他们的理想变得更加温柔而坚定。

共鸣的政治课堂要讲究温度。叶圣陶先生说：教育就像农业一样，需要一个缓慢的发展过程，需要很长的周期，而不能像工业一样批量生产，迅速出炉。真正的教育应该是强调潜移默化的浸润过程，要直指人心、慢慢等待、真心关爱，这就是要我们时刻关注学生的生命成长。它需要我们顶得住金钱和功利的诱惑，不忘教育初心，用教育的眼光浇灌生命的种子。当我们看到一件事、欣赏一部电影、聆听一首歌曲时，我们首先想到的是它适不适合我们的学生，能不能给我们的学生以积极的启发，然后选择用最适合学生的方式传递给他们，这才是教育的眼光。比如《孤勇者》，歌曲中积极向上、敢于和命运搏击的勇气就是我们教育该使用的眼光。当我们备课时，应该系统研究学生的认知发展水平、情感需要和现实需求，根据他们的特点准备材料和设计问题；当有重大时政事件发生时，应及时让学生了解信息，增加他们的知识储备，提升他们的爱国情感。当有热点事件或者突发事件时，应从教育的视角引导学生明辨是非，提升他们的道德判断力。我们应该欣慰地看到，生命在这一过程中正逐渐成长，变得丰富和厚重。

教育的温度需要鲜活的内容，思政课教师要学会讲好新时代故事，做强内容支撑。我们用最新的鲜活理论充实课堂，让与时俱进的理论品质在思政课堂上绽放，散发出鲜活的时代气息；我们把最新的社会热点引入课堂，用思政理论阐释社会热点，让思政课与社会横向贯通；我们把祖国最新的成就在课堂上展示，用快车和慢车的对比，诉说祖国的速度和温度；我们把新时代楷模的故事在课上演绎，使学生在成长的道路上有了更鲜活的榜样；我们可以让突发的课堂“事故”变成故事，也可以让学生的行为变成思政课的主体。引入生动的现实生活，让课程内容更加立体生动。

有次公开课前的半小时，正逢我国第十批在韩志愿军烈士遗骸回国之际，我果断将其引入课堂导入，用庄重的语气讲述了烈士遗骸归国的过程，表达了国家对英雄的尊重和我们对英雄的敬意。学生眼含热泪听着英雄归家的故事，此时一首《祖国不会忘记》适时响起，学生们自发地跟着激昂的旋律高亢地歌唱，情感的共鸣让学生献身祖国的信念更加坚定，这是学生情感的升华。抓住这些稍纵即逝的情感瞬间，可以让充满温度的课堂提升理想信念的高度。

提升理想信念的高度要不忘教育之本。教育的根本任务在于立德树人，政治学科肩负着为中国特色社会主义事业培养接班人的重任。我们要让学生通过亲身体验得到思想的升华。哲学《价值的创造和实现》一课与学生的生活密切相关，我们用学生身边的例子去讲：学习雷锋好榜样，榜样就在我身边。放学时主动关灯的同学，课下默默擦黑板的同学，都是我们身边的榜样，这与雷锋精神是契合的，人的价值就是在一点一滴的小事中逐渐创造和实现的。这样既联系了学生的实际，加深了学生对课本知识的理解，也让学生感受到了自己所担负的责任，坚定了学生积极投身于为人民服务的社会实践中去的爱国热忱。

凝练课堂魅力，促使信念活力迸发

反思让信念更清晰，实干让信念更坚定。我将反思的成果仔细推敲，按照习近平总书记对思政课提出的“八个统一”标准，结合新课标，用教育家精神凝练自己的特色课堂——高境界、接地气、挖特色、有活力。

课堂注重高境界。在《我们的中华文化》这节课进行到课堂飞花令环节时，有人说道：“海上生明月，天涯共此时。”我问学生，这首诗最想对谁说，学生们一致喊出：“宝岛台湾！”我趁机现场吟诵余光中先生的《乡愁》，泪水在学生的眼中充盈，就这样在学生的心中播撒了爱国的种子。这还不够，爱国不是单纯的口号，而是行动。我让学生写下了对台湾青年学生最想说的话，并在课堂上展示。一句句发自肺腑的话语，让爱国情怀真正扎根在学生心中。

课堂注重接地气。学习《价值的创造与实现》这节课时，我特设了一个环节：超越时空的对话——雷锋叔叔，我想对你说。这个环节不仅让学生把本堂课的知识和感悟，用对话的形式展现了出来，还让学生明白了雷锋就在身边这个道理。如此，既能将哲学生活化，便于学生掌握知识点，又能在探讨中渗透情感、态度和价值观，引导学生以雷锋为榜样，好好学习、报效祖国。

课堂注重挖特色。我们要充分利用本地的特色资源来增强思政课的吸引力。学习《人的认识从何而来》这一课的时候，我把课堂搬到了我县一年一度的花博会现场，让孩子用鼓子秧歌汇演的形式进行展示。通过亲身参与和实践，学生们获得了对秧歌文化魅力的认识。同时，我邀请本县著名的鼓子秧歌传承人对鼓子秧歌的历史和特点进行讲解。在对鼓子秧歌文化的认知过程中，学生们加深了对“实践是认识的基础”的理解，增强了对身边优秀传统文化的认同感和归属感，坚定了文化自信。

课堂注重有活力。思政课堂上，学生是学习的主体，也是课堂的主人，好的课堂应该充分发挥学生的主人翁意识。内向的孩子可以通过背过一道题来变成发挥意识能动作用的主角；调皮的孩子可以通过课下自由活动变成实践课本知识的主角；假期的作业可以让娱乐与提升文化素养相得益彰；一次普通的班会可以让爱国情怀烙印在学生的心中。在学习“正确对待外来文化”一课时，为了发挥学生的积极性，也为了加深学生对中华优秀传统文化魅力的体验，我让学生自发排练了一场话剧——《故事新编之邯郸学步》。学生以经典故事“邯郸学步”为蓝本，仅用一天时间，就以课本知识为基础进行改编，自编自导，全员参与，并在课堂上展示了这场话剧。当话剧呈现的时候，学生已经自信地记住了对外来文化要面向世界、博采众长，以我为主、为我所用的原则，更对中国古人的智慧和国家的文化主张充满了崇拜之情，这就更加坚定了学生的文化自信。

学生积极主动参与的课堂，才让理想信念更加真实。

利用资源合力，汇聚信念磅礴伟力

真实的生活会更加坚定学生的理想信念。我们要善于利用学生生活中的有利资源，让理想信念在学生心中扎根，在社会生活中发芽。

学会集校内之力。我们借助学科讲好大思政课：借助历史学科讲红色故事，可以让学生知道幸福从哪里来；利用生物学科讲自然界进化规律，可以让学生理解辩证法的真理之光；利用古诗词探究文化韵律，可以让学生感悟中华优秀传统文化之美。我们借助活动拓展大思政课：升旗仪式升的是红旗，扬的是爱国热忱，这是思政课；手抄报、黑板报、校报，写的是时代赞歌，这是思政课；校内竞技比赛，赛的是整个班集体的凝聚力，这也是思政课。我们借助校园文化融合思政课："青青小草，踏之何忍？"这是对自然界物质性的认可，也是对意识本质的应用。班级校园走廊文化，是学校的人文底蕴，也体现了对人类文化的传承。

学会借家长之情。家长对孩子的感情是真挚的，孩子也更倾向于信任那些源于家长亲身经历所形成的观念。我们可以把家长引入思政课：让家长现身说法，阐明劳动最光荣的原因；我们把家长跳秧歌的视频放给学生看，让学生感悟特色地域文化的传承；我们让家长诉说家庭生活的变化，让学生感悟新时代的美好。我们也可以把思政课引向家长：鼓励学生和家长讨论身边的居委会和村委会，增进对基层群众自治组织的了解；学生可以用政治知识解读国家大事，理解"国家大事"和"群众小事"之间的关联。用真实打动家长，也用真实提升学生的信念感。

学会牵社会大手。和社会力量联手打造协同育人格局，让学生从社会体验中感悟思政课信念的力量。利用研学实践，使课堂与生活相融；利用志愿服务活动，让德育浸润学生心田；利用身边的节日风俗，将历史文脉沁入学生心脾。我们可以把思政课开在田间地头，让思政课与劳动相结合，书写劳动之伟大；也可以把思政课设在党政机关，通过模拟提案、模拟问政活动，理解国家治理的宏伟蓝图；我们还可以借助最新的网络信息技术，重走党的奋斗之路，重温党的辉煌成就，让技术融合线上线下，架设起思政课与学生心灵交流的桥梁。

学生的理想信念来自师者的率先垂范，来自课堂的活力在线，更来自生活的切身体验和国家社会的重大实践。让真实印证真实，让真实的信念在青年学子的心中扎根；让活力传递活力，让温暖的信念在青年学子心中温润发芽；让成就诉说成就，让自信的信念在青年学子心中灿烂开花！

青年学生只有坚定理想信念，才不会在前进的路上迷失方向；青年学生只有坚定理想信念，才不会轻易偏离奋斗的航向；青年学生只有坚定理想信念，才能让梦想在奋斗中扬帆启航。信念愈坚，则行之愈远。我们要让思政课坚守立德树人的初心，传递向上向善的力量，让青春的生命在未来行稳致远！

看见成长的力量

——以“你好，中国节”初中思政课项目化学习为例

石艳秋

人物扫描

石艳秋，山东省济南历元学校道德与法治教师，历元学校文综组组长。荣获历下区优秀教师、历下区优秀班主任、山东省作业设计一等奖、济南市德育优质课一等奖、济南市初中思品市级优课、济南市优秀教学案例一等奖等荣誉；参与《初中优秀教案》《品行》等图书的编写；参与市级课题已结题；所带班级获“济南市级优秀班集体”称号。

泱泱华夏，五千年历史浩瀚，深厚悠长的中华传统文化是中华民族的根和魂，为中华儿女提供了无穷无尽的精神滋养。把中华优秀传统文化的种子种进青少年心田，虽责任重大，却任重道远。为了使学生更好地学习、传承中华优秀传统文化，我们以中国传统节日为切入点，以初中学生为对象，开展了“你好，中国节”项目化学习实践活动，以灵动的学习方式，促进学生完整地成长，让每个孩子在项目化活动中获得成长的力量，让学习真实发生。

缘起——项目实施背景

中国传统节日文化历来受到党和国家的高度重视。2024 年 1 月，中共中央宣传部印发《关于开展 2024 年传统节日文化活动的通知》，强调深化“我们的节日”主题活动，围绕春节、元宵节、清明节、端午节、七夕节、中秋节、重阳节等传统节日，组织开展内涵丰富、形式多样的文化活动。这些文件的出台，既体现了党和国家对传统节日文化保护和弘扬的高度重视，也体现出对传统节日文化教育价值的开发和运用。

中国传统节日文化在初中《道德与法治》教材中占比小，而且对传统节日的介绍过于浅显。在授课时，如果教师未提前让学生做课前了解或是自身在课堂上作补充，那么很难实现传统节日应有的文化价值延伸。

朱永新认为，未来的学习常态应该是以儿童为中心，充满个性与灵动，项目式学习正是如此。新颁布的《义务教育课程方案和课程标准（2022 年版）》明确要求，要积极开展主题化、项目式学习等综合性教学活动。

正是在上述背景下，我们开展了中国传统节日项目化实践活动，并把这项活动融入初中《道德与法治》课进行教学研究，通过项目化的形式探索中国传统节日的来历、习俗、诗词、美食及传承等，形成中国传统节日项目化学习的通用范式。

困境——项目实施问题

（一）角色定位不清，学习兴趣难提高

在项目化实践活动中，很多老师直接把项目化活动方案给到学生，让学生直接去实施，学生把它作为一项任务和负担，对于为什么要开展项目化活动却模糊不清。这种做法忽略了学生的主体地位，学生学习兴趣不高，难以触动学生心灵，难以获得学生的价值认同。

（二）重视项目成果，项目过程难体现

在项目化活动中，教师往往关注项目最终成果，而忽视学生项目化的过程。项目成果不应仅仅作为项目结束时的总结性产物，成果的展现应是动态的。而在项目化实践过程中，很多学校仅按照规定的简单流程进行项目式学习，学习方式机械、固定，导致项目式学习出现了浅层化的问题。

（三）评价途径单一，核心经验难反映

在项目式学习实践过程中，常常过度关注最终产物，评价标准过于简单，导致项目式学习出现学习评价表象化问题，这种评价的单一性不利于形成对学生全面能力提升的深入了解，无法为教师、家长以及学生本人提供全面的成长反馈，难以实现真实评价的目的。

破局——项目设计策略

（一）明确角色定位，让学生做主体

在“你好，中国节”这个项目化活动中，教师的角色必须重新定位，教师不再是负责传授知识、无所不知的专家，而是扮演支持和促进者的角色，是学习的引导者，以及整个探究过程的向导。在“你好，中国节”项目实施过程中，要给学生以成长空间，还“学”于“生”，让学生成为自己学习的主持者。

（二）坚持“做中学”，让项目真发生

在项目式学习中，只有学习的知识内容与现实生活建立有意义的联系，才能真正实现知识迁移，促进学生真实参与。在项目化活动中，学生通过查阅资料、记录、沟通等方式，以小组为单位制定活动方案，自主设计驱动问题，在真实问题的驱动下，深入开展探究性活动，真正做到学以致用、知行合一。

（三）坚持多元评价，让学生真成长

项目式学习的评价应指向学生活动的全过程，指向与之相关联的核心素养。项目学习开始时，师生要一起制定评价量表，评价量表设计应注重学生真实的全过程体验和素养目标的达成，让每位参与者清楚地知道自己在整个学习活动中要怎么做，激发学生学习的内生动力。

深入——项目实施过程

项目实施是项目式学习的重要环节，我校道法组探索了中国传统节日项目化实践活动开展通用范式，主要是从项目准备、项目启动、项目实施、项目展示、项目评价这五个方面开展，实施流程如下：

（一）项目准备

教师为了项目的顺利实施，要事先进行计划、准备和沟通。

项目开始前需要考虑的问题有：

（1）项目投入时间及进度安排；

（2）各个任务和成果展示的形式和地点；

（3）准备各个任务需要的资源支持和材料工具；

（4）活动过程中的安全预案。

（二）项目启动

1. 明确项目主题

教师向学生介绍开展这一项目活动的背景及意义，提出项目化过程要求和终结要求，师生共同制定项目主题。

"你好，中国节"项目化实践活动主题源于学生在现实生活中遇到的真实问题和困惑。在生活中，同学们都非常期盼过节，但是有时候也很困惑：为什么过节的氛围越来越淡？为什么有的节日习俗没有流传下来？怎样才能把节日文化更好地传承下去？带着这样的疑惑，师生共同查找资料，进行相关调查，教师和学生根据调查和梳理的结果，师生共定"你好，中国节"的项目主题。

2. 确定评价方式

师生共同商议，设计成果评价方式，评价指标清晰可测，采用过程性评价和总结性评价相结合的方式，强调过程性评价。过程性评价主要包括方案设计评价、设计实施评价和成果展示评价。

3. 拟定驱动问题

本项目师生共同拟定了以下驱动问题：中国有哪些重要的传统节日？传统节日里有哪些习俗？有哪些节日美食？有哪些节日的历史渊源、典故和诗词？作为一名文化宣传使者，如何让中国传统节日"出圈"等驱动问题。学生提炼出主问题，驱动下面活动的开展。

4. 确定项目任务

结合中国传统节日的特点以及项目化学习的要求，师生共同决定分成五个子项目任务来进行深入研究，分别是：传统节日之来历、传统节日之习俗、传统节日之美食、传统节日之诗词、传统节日之传承。

5. 组成项目团队

确定子项目之后，便进行项目成员的招募，学生自由组成五组，研究方向相同的学生组建新的合作小组，每组选择一个子项目进行深入探讨，并自主推荐小组负责人，然后小组共同制定项目化方案和评价标准，为开启项目化学习做好准备。

（三）项目实施

同学们围绕驱动问题，带着驱动任务，以小组或者个人的形式开展项目化活动。教师在此过程中要对学生在项目化活动开展的过程中出现的问题及时指导和跟踪。

任务一：传统节日之来历

学生通过查阅资料、询问长辈、网上搜索等方式，收集有关传统节日的资料，小组分工合作，制作传统节日的海报。学生用五彩画笔绘制出一份份内容丰富、绚丽多彩的小报，一幅幅生动、意蕴深远的画作。从春节的习俗到端午的龙舟竞渡，从中秋的赏月到重阳的登高，每一张小报都凝聚着同学们对传统节日文化的深刻理解和现代审美的巧妙融合，进一步加深了他们对传统节日的了解。

任务二：传统节日之习俗

习俗，构成了中国人独有的生活情趣，也洋溢着华夏文明源远流长的血脉情思。同学们通过自己的镜头记录了我国的节日习俗，如过年买年货、写春联、拜年，元宵节猜灯谜、吃汤圆、挂花灯，清明节祭祖，端午节吃粽子、赛龙舟，中秋节吃月饼，重阳节登高等。同学们录制了大量体现节日习俗的视频，拍摄了凸显节日习俗的照片，还有的同学编排了节日习俗情景剧。在丰富的实践活动中，学生似乎回到了过去，走近古人的生活，感受古人的节日风俗，重温中华文化的光辉历程，感叹古人的伟大智慧。

任务三：传统节日之诗词

古诗词作为我国古典文化的精华，以凝练的语言、深刻的寓意、和谐的音韵，汇成了无数诗意盎然的篇章。每逢传统佳节，古有文人墨客吟诗作赋，直抒胸臆；今有莘莘学子吟诵浅唱，有声有色。“独在异乡为异客，每逢佳节倍思亲。”一首《九月九日忆山东兄弟》道不尽对故乡和亲人的思念之情；“清明时节雨纷纷，路上行人欲断魂”杜牧的《清明》勾勒出春日祭祖的淡淡的哀思。学生穿上传统服饰，既可以个人吟诵，也可以小组表演，在吟诵传统节日古诗词的过程中，深切感受到传统节日背后的文化意蕴和情感纽带。

任务四：传统节日之美食

在中国传统节日中，美食是不可或缺的一部分，它们不仅是味蕾的盛宴，更是文化传承的载体。在本次活动中，同学们用灵巧的双手制作了春节的饺子、元宵节的汤圆、清明节的青团、中秋节的月饼等美食，为舌尖带来一丝鲜香，让人难以忘怀。学生可以和家人一起，也可以在校和同学们一起制作美食。以包粽子为例，学生观看了包粽子的示范视频，了解粽子的历史和制作方法，然后分成小组，每个小组准备好所需的材料和工具，如糯米、粽叶、红枣等。在教师的指导下，学生按照传统的包粽子方法亲手实践。完成后，学生可以品尝自己制作的粽子，分享体验和感受，并讨论粽子在端午节中的文化意义。学生在动手制作美食、品尝美食的过程中，开启了一场舌尖上的文化之旅，了解了美食的由来和意义，将热情和友情都融入了美味中，相信所有温暖的画面都会留在学生最深的记忆里。活动很好地增强了学生对传统节日的认同感和文化自信心。

任务五：传统节日之传承

传统节日源于生活，又融于生活。一个节日，珍藏一段记忆，传承一种文化。作为新时代的中学生，我们有义务去了解它、传承它、弘扬它。其中，完成“做文化宣讲员”的核心任务显得意义非凡。同学们用自己独特的视角、优美的语言，以“文化宣讲员”的身份讲述着传统节日的来历、习俗、故事等，为传统节日代言，为传统节日发声，让中国传统节日活起来。传统文化的种子已经在他们心田萌发，他们已自觉成为中华优秀传统文化的传承者和弘扬者。

（四）项目展示

项目展示首先在班级开展，再择优在学校进行统一展示。在成果展示环节，各个项目小组团队协作，可以通过PPT、小报、图片、视频、讲故事、朗诵古诗、品美食、教做美食、知识抢答赛等方式展示成果。比如，“传统节日之美食”小组，有的同学将传统节日的美食制作过程拍成了视频，配上优美的古风音乐和文字，做成了美食纪录片，呈现了一场创意无限的视觉盛宴。“传统节日之习俗”小组则将自己搜集的习俗通过讲故事或者话剧的形式进行现场演绎和展示，博得阵阵掌声。“传统节日之诗词”小组则通过个人或小组的形式朗诵诗词，在朗诵中品味诗词的魅力。

（五）项目评价

本项目采用过程性评价与总结性评价相结合的方式，采用多元量化来评价学生的学习成效，采取自我评价、同学评价、教师评价等方式，发挥评价的导向作用，最后根据各项表现选出最佳合作奖、最佳设计奖、最佳参与奖、最佳海报奖、最佳展示奖、最佳作品奖等。学生通过自我评价，检验学习目标的实现情况；教师通过过程评价，激励学生情感态度的积极发展；通过班级评价与互相评价，交流经验、取长补短、深化学习。

总结——项目成效与反思

通过一年的时间，我们在初中七、八年级开展了春节、元宵节、清明节、端午节、七夕节、中秋节、重阳节这七个传统节日的项目化实践活动，搜集了大量的优美诗篇和绘画、海报等，上传了很多精美的节日视频，学生制作并品尝了传统节日的美食，开展了班级展示活动。通过“你好，中国节”项目化学习实践活动，教师和学生都有所收获，有所成长。

（一）教师专业发展价值

通过参与本研究，教师可以深化对项目式学习的理解，提升教学设计和指导能力，增强教学效能。同时也有利于教师转变教学观念，在常规教学的基础上探索出了新的教学方法，改进教学行为。此外，教师除了站在自身学科角度，更要站在多学科的角度高位设计，这提升了教师课程开发、跨学科执教的能力。

（二）学生成长价值

1. 人人参与，朵朵绽放

项目化学习活动，打通了学以致用的“瓶颈”，让学生成为活动的主角，促使学生更为自然和广泛地主动学习。在项目化的活动中，每位学生都参与到项目研究中，全体成员一起策划、设计方案，共同制定评价量表，努力为小组的项目成果展示做出一份贡献。经历了研究、探索和行动，每位学生也在悄然生长，朵朵绽放。

2. 各尽其才，锻炼能力

项目化学习的方式，本质上是因材施教。在子项目的招募中，每个人根据自己的特长和喜好选择了擅长的子项目进行研究，每个人的能力都得以彰显。在参与项目化学习过程中，学生通过在输入性学习和输出性学习之间的切换和体验，提升了问题解决能力和创新实践能力，每位学生的沟通、协商、表达、合作等能力都得到了锻炼和提升，促进了学生的深度学习。

3. 项目活动，提升素养

项目化活动旨在提升学生道德与法治素养。“传统节日之诗词”项目，学生去诵读，去宣传，浸润在传统文化之中，培养学生的文化认同感。“传统节日之美食”项目，学生去实践，去推广，接受美食文化的熏陶，培养学生的社会责任感。“传统节日之来历”项目，学生去探究，去宣讲，在故事中品味人生真谛，提高道德修养。通过一系列活动的开展，学生积极进行探究实践，完成项目任务，厚植家国情怀，弘扬中华优秀传统文化。通过项目化活动的开展，学生的核心素养在活动中慢慢得到提升。

4. 学科融合，提升思维

“你好，中国节”项目化学习实践活动在项目化设计时融合不同学科知识，既包括语文学科的诗词运用、历史学科的故事典故，也包括信息科技和美术学科的知识与技能等。在活动开展过程中，学生运用多学科知识完成项目，在不同学科间进行思维切换和融合，在潜移默化中形成了跨学科、多维度、全方位学习的思维与素养。

当然，“你好，中国节”项目学习实践活动中也存在一些问题。第一，小组间差异较大。由于自由选组，每个小组在活动设计、合作参与以及成果展示等方面往往出现较大差距。第二，活动大多在假期时间完成，学生没有充足的时间开展项目学习，学习深度不够，对问题的探究和拓展不够深入。学习过程中生成的问题有时也缺乏教师的指导和引导。第三，项目式学习的周期较长，需要投入较多时间和精力，教师和学生都容易出现力不从心的情况，这在一定程度上阻碍了项目式学习模式的拓展。第四，本项目化实践活动主要是在初中开展的，传统文化学习在幼小初高四学段都非常重要，各个阶段的衔接不够，将来开发的愿景目标可以是“大—中—小—幼”一体化。

中国传统节日，既是中华文化的符号之一，也是我国传统文化的精髓。作为一线教师，我们更应该提升自身素养，挖掘教材与文化之美，创新道德与法治课堂教学，让项目化教学在更多的课堂里生根、开花、结果，促进学生更热情、更自由地投入到对世界的探索之中。对于项目式学习实践过程中出现的问题，教师要及时调整教学策略，做好引导，让学生的深度学习真正发生，相信理想的火花定能点燃行动的热情。项目式学习实践活动，将在且思且行中继续坚持，不断完善，不断看见成长的力量！

"项"上学习　赋能成长

——以《中华文化根》为例浅谈项目化学习

李元清

人物扫描

李元清，山东省济南砚泉学校初中道德与法治教师，历下区教学能手，济南市新课堂成员，区思政核心团队成员。荣获山东省首届思想政治教学比赛一等奖、济南市教学比赛一等奖、山东省教育技术论文一等奖、济南市论文一等奖、区教学设计特等奖、区优质课一等奖等荣誉。曾执教山东省大中小学思政一体化现场课《中华文化根》。

一直以来，我始终把如何提高思政课的针对性和吸引力作为重中之重。我尝试用项目化学习为思政课赋能，让学生在“做中学”“用中学”“创中学”，真正把学生放在主体地位，立足学生发展，上连立德树人的根本要求，下接学生的终身发展，培养学生的核心素养。把项目化学习用好，让学生“项”上学习，不仅可以为课堂助力，还可以为师生成长赋能，推动思政课项目化学习走向“新常态”。下面，我以人教版初中《道德与法治》九年级上册《中华文化根》一课为例，浅谈“行走济南，创见文化之美”项目化学习如何为思政课堂助力。

横看成岭侧成峰，远近高低各不同

——“行走济南，创见文化之美”项目化学习简述

首先，我精心设计“行走济南，创见文化之美”项目化学习的主要内容。一是寻访调查，探秘学校和街道命名中的文化内涵，感受身边的命名文化。学生通过探寻街道命名背后的历史故事和典故，了解济南历史文化、名人元素和历史文脉传承，感受“行走济南，创见文化之美”的厚重历史；二是设计一条研学旅游线路。从中华优秀传统文化、革命文化、社会主义先进文化中任选一个，设计一条游览路线，亲自走一走，以小组为单位展示寻访主题活动，在寻访中感受中华文化的博大精深、源远流长，坚定文化自信，增强文化认同；三是设计一款展现中华文化的文创产品，并说明设计理念。学生在项目化学习中形成从事探究活动的正确态度，培养实事求是的科学精神。同时，感受中华文化的源远流长、博大精深，激发文化自信，引导学生认识传承和弘扬中华文化的使命与责任，继承和发展中华文化。

其次，“行走济南，创见文化之美”项目化学习融合运用五个学科的核心知识。一是道德与法治，感受传统文化的博大精深，坚定文化自信；二是语文，搜集资料、阅读经典、采访交流、分享表达；三是历史，培养家国情怀，学习和探究历史应该具有的社会责任和人文情怀，包括中华优秀传统文化、民族精神等；四是地理，了解学校周边街道的分布、名称，能够设计出省时省力的旅

游线路；五是美术，运用美术技能和知识，通过绘画、雕塑、设计等形式表达个人情感和创意的能力。跨学科共融，为学生核心素养的提升提供舞台。

再次，精心挖掘"行走济南，创见文化之美"项目化学习的驱动性问题。济南是历史文化名城，在济南，可赏山水画卷，可品泉城风情，可读街巷烟火，可尝风味美食。济南文化是中华文化熠熠闪光的一个缩影，作为中国人，我们每个人都离不开中华优秀传统文化的滋养，都有义务坚守中华文化根基，延续中华文化血脉。

最后，开展"行走济南，创见文化之美"项目化学习的实践活动。包括：探究性实践，设计文创产品及制作研学旅游视频；社会性实践，设计旅游线路，并亲自走访；调控性实践，寻访调查，查阅资料，了解学校和街道命名中的文化内涵与历史典故；技术性实践，关注文创产品的制作并突出其特色；审美性实践，关注旅游线路视频录制的配乐、画面美感，以及文创产品的美感。

纸上得来终觉浅，绝知此事要躬行

——项目化学习融入课堂的实践路径

首先，"项"导领路，遵循知识的逻辑脉络。项目化学习融入思政课堂，必须要有线和魂，让所有要素融会贯通，形成合力，这个线和魂就是知识的逻辑脉络。本节课以"行走济南，创见文化之美"项目化学习为主线，由"纵横古今·品文化之美""研学体验·探文化魅力""学以致用·续文化血脉"三部分组成。比如在"纵横古今·品文化之美"环节，立足于学生课前的项目化学习，了解学校和街道的命名，就是从学生的经验出发，先是引导学生发现身边的文化之美，再由师生对话，启发学生开阔视野，放眼中华文化，感知中华文化的源远流长、博大精深，为之后设计研学线路，体验、设计文创产品并亲手制作做铺垫。整节课全都按照学生的思维逻辑进行整合化的设计，为学科教学服务，在教学中遵循明理、导行的思路，从身边到全国，从感受到践行，从了解文化知识到坚定文化自信，实现知识逻辑和学生思维逻辑的统一，从而达成教学逻辑的循序渐进、环环相扣、层层递进。

其次，“项”阳而生，立足学生的生活世界。项目化学习融入思政课堂，必须要有“场”，这个场应该是师生共情之场、思想碰撞之场、焕发可能之场、生成价值之场，而学生的生活则是源头。张华教授在《让学生创造着长大》一书中讲道：“学生的项目源自现实世界或真实的生活，学生要到真实的生活情境中去做项目，学生做项目的目的是融入生活、完善生活。”比如，在“研学体验·探文化魅力”环节，教师充分信任学生，充分尊重学生的主体地位，将学生展示项目成果作为本课的主要环节，学生可以采用任意一种自己喜欢的展示方式，比如照片、视频、调查采访、思维导图、数字解说、实物展示等，形式灵活多样，让每一个学生享受成长的快乐和成功的喜悦。之后，教师根据每一组学生汇报的研学路线，设计思辨性的问题，进行追问，引发学生思考。比如有的学生研学地点是府学文庙，教师就设计追问：“文庙现在既不祭祀，又不做学校了，其实已经没有什么实用价值了。假如，现在政府有一个亿的资金，而你是政府决策人员，你认为这笔钱应该用来改善民生，还是应该用来修缮文庙？”这样的两难思辨性问题，学生通过合作探究，在激烈的思想交锋中领悟儒家思想的重要性，从而引导学生认识到：儒家文化对中国政治、经济等各个领域仍然具有深远的影响，很大程度上塑造了中国人的思维方式和行为方式，并且对东亚、欧洲，甚至世界产生重要影响。儒家思想是中华文化的主流和底色，成为我们的一种特殊的文化符号。说到文庙，我们就会想到孔子，想到儒家文化，所以，以儒家思想为代表的中华文化，已经成为中华民族特有的精神标识，儒家思想中以人为本、以和为贵的思想，更是积淀着中国人最深层的精神追求。并且，学生在辩论中，对于文物保护的价值也有了深刻领悟：如果没有活化的历史文脉存在，城市是缺乏生命力的。最后，教师通过呈现府学文庙整修前后的对比图，让学生认识到济南市对历史建筑以及非物质文化遗产的保护力度，激发学生热爱家乡文化的自豪感和自信心。这就是通过将项目化学习引入课堂，真实开发利用各种教学资源，引领学生构建真实的教学情境，敢于直面社会的现实问题，将学生的好奇心和注意力引入社会生活，引向国家建设，通过教师的追问和点拨，使得学生"国事家事天下事，事事关心"，树立家国情怀。

再次，"项"心凝聚，增进学生的价值认同。九年级学生对中华优秀传统文化有一定的认知，但对其深层次的文化价值和意义认识不足，对于革命文化和社会主义先进文化的理解也不系统、不深入，这是本课教学的重要学情基础。在经济全球化、文化多样性的大环境下，受心理发展水平、认知能力及辨别是非能力的限制，学生对传统文化价值的认知较为淡薄，忽视了对中华优秀传统文化的继承和发展。因此，弄清楚学生在文化问题上的疑惑点，就成为本课教学的突破点和生长点。在这种情况下，知识灌输和道德说教会引发学生的反感，激发学生的逆反心理，过于刻意的教育反而会起到反作用。学生的兴趣是课堂的生命力，充满思辨的课堂是鲜活的、灵动的。比如在"研学体验·探文化魅力"环节选择革命文化线路的同学在展示汇报之后，我就引用了在课前调查中一个学生提出的问题："我们现在已经是和平年代了，为什么要继续发扬英烈们的革命精神呢？"我和学生一起展开讨论，从而引导学生认识到：在战争年代，革命精神是先烈们为了民族大义冲锋陷阵、流血牺牲；在和平时期，它又可以表现为危难时刻的挺身而出，平凡岗位上的鞠躬尽瘁。其实，我们自古以来就有精忠报国、舍生取义的精神，这些革命精神代代传承，时刻激励着中华儿女在国家建设、改革的历程中自强不息、拼搏奋斗，为中华民族伟大复兴提供精神动力。

在真实的调查中发现真实的问题，鼓励学生敢于表达自己真实的想法，通过独立思考探究民族精神的传承与弘扬，感悟责任与担当。在真实情境中，学生通过表达和感悟，使情感、态度和价值观得到进一步发展和提升。

在学生展示完研学线路之后，我继续启发学生，引导学生思考：中华优秀传统文化、革命文化和社会主义先进文化，这三种文化之间有什么内在联系？学生在小组讨论、交流探究中，发生观点的碰撞，进而领悟到泱泱五千年，三种文化在弘扬与创新中一脉相承。中华优秀传统文化是中华民族的根与魂，革命文化是中华优秀传统文化基因的时代延续，社会主义先进文化是新中国成立以来，中国共产党领导中国人民以马克思主义为指导进行文化创新，在伟大的社会实践中孕育出来的。因此，我们的中国特色社会主义文化源自中华民族五千多年文明，熔铸于党领导人民在革命、建设、改革中创造的革命文化和社会主义先进文化，植根于中国特色社会主义伟大实践。

之后，我继续拓展，深化学生对于中华文化的认知，启发学生：2023 年是构建人类命运共同体理念提出 10 周年，这体现了中华民族自古以来对人类社会和合共生理念的由衷向往。我们的很多治国理念都源自中华优秀传统文化，你想到了什么？学生会调动语文、历史等学科知识，想到曾经学过的“共同富裕”出自《礼记·礼运》中的“大道之行”“天下为公”；“以人民为中心”出自《淮南子》中的“治国有常，而利民为本”，这就是坚持价值引领、过程探究和认知建构三位一体的整体教学思路。学生在项目化学习中，通过师生互动和生生互动即时生成的课堂资源，和教师一起精心构建探究情境，综合运用描述与分类、解释与论证、预测与选择、辨析与评价等方式，在调查中打开，在打开中深化，在深化中认同，在认同中行动，在行动中深化整节课的探究，遵循学生认知发展规律和情境发展主线，实现了政治性和学理性相统一，价值性和知识性相统一，建设性和批判性相统一，有效完整地培养了学生的学科核心素养。

最后，“项”往未来，赋能师生教学相长。教学相长强调教师和学生间的相互学习和成长，这意味着教师不仅要传授知识和技能，还要倾听学生的想法和观点，从中获得新的见解和思考方式。在“学以致用·续文化血脉”环节，我充分调动学生的积极性、主动性，让学生站在教室的中心，成为课堂的主角，每个同学把自己对于中华文化的理解都应用到自己设计的文创产品中，接地气的教育促进了学生把延续文化血脉、坚定文化自信内化于心，外化于行。从知识本位教学转向核心素养导向教学，通过项目化学习，改进了教育教学方式，体现了“为理解而学、为生活而学、为学科而学”，实现学生“像专家一样思考”。在本次项目化学习中，教师通过浏览学生的文创产品设计，倾听学生的想法和观点，了解他们的兴趣和潜力，更好地引导学生发挥自己的创新能力和实践能力，同时教师也受到启发设计了文创产品，从而实现教学相长，增强了师生对中华文化的感悟力。

千淘万漉虽辛苦，吹尽狂沙始到金

——项目化学习融入课堂的总结反思

“中华文化根”的教学内容是在初中道德与法治课中开展文化教育。本节课的教学设计以“行走济南，创见文化之美”项目化学习为主线，由“纵横古今·品文化之美”“研学体验·探文化魅力”“学以致用·续文化血脉”三部分组成，三个部分和“行走济南，创见文化之美”项目化学习相结合，使学生认同中华文化，在文化传承中滋养生命，让学生从“思想意识教育”到“感知教育”再到“身同教育”，立体化教学，全方位提升。

首先，项目驱动，主题鲜明。将“行走济南，创见文化之美”项目化学习融入思政课堂，主题鲜明，按照学生的思维逻辑进行整合化设计，在项目实施中遵循明理导行的思路，实现教学逻辑的循序渐进、环环相扣、层层递进，使学生养成从事探究活动的正确态度和实事求是的科学精神，全面促进学生核心素养的提升，使其坚定文化自信，增强爱国思想。项目主题非常明确，并且设计了严密的流程，每个阶段都有详细的要求指导，放手让学生做的同时，又给予学生抓手，明确了流程，学生积极参与，将主要精力集中到开发创造上。创新改革评价方式，引入表现性评价，让学生、家长都参与到学习评价中来，调动了学生的积极性和主动性。

其次，实践体验，知行合一。将“行走济南，创见文化之美”项目化学习融入思政课堂，在研学体验中将学科观念与个体独特性相结合，帮助学生学会运用学科视角理解和探究生活问题，这非常容易调动学生学习的积极性；同时选取的事例找到了现实生活、所学知识与学生发展的恰当结合点，深入挖掘，为课所用。所以课堂上，学生全情投入、积极参与、踊跃展示，整节课洋溢着民主、和谐的良好氛围，也体现了“知识+实践=素养”的教学观，让学生像专家一样思考，引导学生在“做中学”、在“用中学”、在“创中学”。在学生已有知识水平上，完全可以实现“跳一跳”够得着的目标，巧妙地让项目化学习成果为思政课堂赋能，为学生成长助力，促进学生知行合一，实现师生教学相长。

再次，关注家乡，开发资源。将“行走济南，创见文化之美”项目化学习融入思政课堂，体现了教师对于本地资源的利用和开发意识。通过整合乡土资源，将学校和周边街道的命名、研学线路的设计以及文创产品的制作巧妙融合在一节思政课中，不仅充分挖掘和利用了济南文化中的优秀传统文化资源和红色资源，如李清照、辛弃疾、王尽美、邓恩铭等，而且丰富了教育教学活动形式，为促进学生学习方式的转变提供课程资源支持。引导学生关注和热爱家乡文化，促进了学生对家乡的深入了解，增进了对家乡的文化认同，厚植桑梓情怀和家国情怀。

最后，学科融合，深度学习。将“行走济南，创见文化之美”项目化学习融入思政课堂，还体现了跨学科学习的理念。这不仅助力思政教育，而且将语文、地理、历史、美术等学科融会整合，学生在完成项目、解决问题的过程中，将个人独特的经验体会和各学科的深度学习相结合，创造出新的理解，避免了学科学习的常识化、肤浅化倾向，真正让学生的精神获得自由。这体现了张华教授提出的“未来教育的本质是培养学生运用过去的知识，满足现在的需要，创造面向未来的自己的观念与思想”的观点。

习近平总书记指出：“讲好思政课不容易，因为这个课要求高。”面临新课标与新课改，肩负铸魂育人神圣使命的思政人，要增强做思政课教师的底气，理直气壮上好思政课，以“幼吾幼以及人之幼”的爱对待学生，以“点燃一把火”的理念进行教育。把项目化学习引入课堂，引导学生“项”上学习，让项目化学习为思政课堂助力，为师生成长赋能，以理服人、以德感人，让思政课既有润物无声的滋养，又有惊涛拍岸的气势，真正上到学生心坎里。

我将始终坚定秉持思政人的初心，全力筑牢思政人的“一段渠”，守好思政人的“责任田”，为初中学生的成长，贡献一份力量。

探寻时政教育新样态　绘就立德树人风景线

常　青

人物扫描

常青，山东省济南锦屏学校初中道德与法治教师。曾主持济南市“十二五”规划课题“初中《思想品德》课堂时政教育的实践研究”；论文《从一节观摩课看教学设计优化策略》在核心期刊《中学政治教学参考》发表；获山东省中小学思政课改革创新优秀案例二等奖；被评为“历下区科研名师”“教科研专家”。

著名教育家朱永新教授说："生活的味道越浓，教育的意义就越大，坚持下去就会产生奇迹。"这种说法明确了教育与生活的密切关系。以时政新闻热点为教学背景，开展时政教育教学活动，是道德与法治课的主要特色和学科要求，也是道德与法治教师提高业务素养、实现专业成长的重要途径。我校道法教研组早在2013年就开展了济南市"十二五"规划课题"初中《思想品德》课堂时政教育的实践研究"。十多年来，我们坚持课前5—10分钟，由学生自主结合社会热点进行课堂时政播报。老师们则从本学科特点出发，积极探索时政与教学的契合点，取得了丰硕成果。事实上，时政教学在政治课上并不鲜见，但往往缺少创新，虎头蛇尾。那么，如何才能实现时政教育的教学改进呢？现以我校的实践探索为例，分享以时政教育为突破口落实立德树人根本任务的策略及实践。

定靶：明确目标任务

新课标明确要求："教学要围绕课程内容体系，及时跟进社会发展进程，结合国内外影响较大的时事进行讲解。""要密切联系社会生活和学生生活实际，用富有时代气息的鲜活内容，以学生喜闻乐见的方式，增强道德与法治教育的时效性、生动性、新颖性，让道德与法治课成为有现实关怀和人文温度的课堂。"

毋庸置疑，新课标规定并强调及时跟进社会发展进程，时政教育活动的开展恰恰与此相契合。一方面，时政教育是理论与实践并举的需要。此项活动的开展恪守学科立场，突出开放特性；呈现时代的脉动，不断激发学生学习兴趣；全面拓展课堂教学的空间与时间维度，变"教科书是学生的世界"为"世界是学生的教科书"，落实学科价值。另一方面，时政教育是知识与素养共进的需要。时政教育过程坚守了学生立场，尊重学生的经验与兴趣，关怀学生的情绪与情感，关照学生的状态与需要。开展好时政教育活动，有利于实现由知识本位到素养本位的转变，学生自主创设真实的学习情境和学习任务，体验到学习的乐趣，使课堂发生真实的学习，进而达成新课标所强调的学生通过学习逐步形成正确价值观、必备品格和关键能力的目标。

我校时政教育的开展，既要将党的教育方针具体细化为本课程着力培养的核心素养，又要体现课程的时代性，凸显学生主体地位，增强课程适宜性。

建模：构建教学范式

我的“波段”我做主时政播报活动自开展以来非常受学生欢迎。为避免学生不做分析、提炼和剪辑，将繁冗的时政材料笼统地、蜻蜓点水般地抛向大家，老师们除了在活动伊始和学生对时政播报的流程、内容及评价方式作了约定之外，还围绕核心素养落地的育人导向，进一步为学生构建播报框架：每次播报包含“时政关注、聚焦问题、思辨释疑、价值引领”四个环节。

（一）时政关注，让知识“联”起来

道德与法治课堂要“有意思”，课堂才能“有意义”。时事关注先由学生课前准备，让学生自愿组合，一般3到4人为一组，小组成员依据分工通过报纸、电视、网络等渠道搜集、阅读、整理重大时政热点，课堂前5至10分钟进行播报。面对种类丰富、内容繁多的时政新闻，教师可以围绕课程内容体系提前选定主题，引导学生创设有效情境，“链接”教材中的核心概念、基本观点。如，“两会”主题对应八年级下册“人民代表大会制度”等相关教学内容，“二十大”主题对应九年级上册“国情国策”等相关教学内容。把课堂的主动权交给学生，让知识“联”起来，激发学生的思考欲望，真正做到理论联系实际，为课堂教学增添生命活力。

（二）聚焦问题，让内容“活”起来

对于课堂上展示的时事新闻，鼓励学生自主提出问题并进行简单点评。问题要找准时政热点与教材的链接点，做到问题与知识成功对接，进一步引发学生的主题思考。如，九年级复习“坚定文化自信”专题时，结合学生的

甄别筛选，引入“茶文化申遗成功”这一时政热点，在小组代表展示课前搜集的视频后，教师抛出“国家积极申遗说明了什么”这个问题，让学生在评析过程中理解坚定文化自信的意义。突出问题导向，起到了“一石激起千层浪”的作用，通过学生回答、教师补充等环节，让点评更加准确、完备。这一过程使学生的思维得以激活，能有效运用多维视角看问题，促使生活逻辑向知识逻辑转化，让深度学习真正实现。

（三）思辨释疑，让学生“动”起来

当下的时政学习大多为被动学习，学生缺乏有效的课堂时间和空间去主动建构知识。从学生时政分享到简单点评，从简单点评再到思辨释疑，课堂上针对问题生生、师生互动，产生思维碰撞。如，在探究“国家积极申遗说明了什么”后，呈现二十大报告的内容，继续追问：“二十大报告的内容可以链接到哪些教材知识？”并抛出延伸问题：“请以小组为单位进行课后调研，针对如何让老济南文化符号焕发新生提出建设性意见。”通过课后开展小组合作学习，推动学生迁移并运用所学知识，在实际问题的解决中真正学会学习，进一步提升学科思维和学科能力等核心素养。

（四）价值引领，让效果“实”起来

初中道德与法治课是落实立德树人根本任务的关键课程。从学科视角出发，学生在回应并解决问题的过程中，逐步增强对知识的深层加工能力，深刻理解“坚定文化自信”“建设生态文明”等核心观点，同时学生的合作学习能力和科学精神得以培育。可见，时政教育指向核心素养，强化了课程育人导向，体现了正确价值观、必备品格和关键能力的培养要求。

构建播报框架旨在为学生搭建支架、明确范式，增强播报的指导性和可操作性。同时，学生们仍然可以在此基础上用自己喜欢的方式去设计，倡导创新，吸引关注。事实证明，构建教学范式，有助于学生在播报上提高效率、事半功倍。

举措：探索改进策略

尽管时政教育具有重要的意义，但是在现实的教育实施过程中仍然存在很多问题。如，时政教育方法不当，时政教育的内容选取存在误区，评价体系不完善，忽视学生情感等。我校一线教师经过多年深入而持久的努力，积极探索教学改革，总结了一些可供参考借鉴的经验做法。

（一）“分时段”基于学情

重视基于学情的时政教育开展策略的探索，符合学生的认知水平和发展要求，是我们谋求创新的着力点。按照循序渐进的原则，实施分段教学，即在实际教学中结合不同学段学生的学情提出不同时政教育目标和要求。

“时政播报”启序曲。七年级培养学生的洞察力。这时，教师应不吝表扬，潜移默化地培养学生的时政敏感性，保护好学生对搜集新闻的兴趣和热情。如肯定优点，可以表扬播报人员声音洪亮、语速适中、举止得体，很有播音员的“范儿”；可以表扬 PPT 图文并茂、兼有视频、字号适中、标题醒目。在课堂播报完成后，允许和鼓励学生提出不同观点，发出不同声音，给予学生充分发表自己见解的机会。为此，八、九年级每位同学都准备了一个时政本，七年级则使用简化版的新闻评论表，既可以记录自己关心的时政，又可以针对播报内容将自己对热点问题的看法和感悟写到本子或评论表上。不同年级因学情不同，新闻评论也不能搞“一刀切”，应针对学情分别对学生提出不同的要求。七年级学生逻辑思维、理性分析、综合归纳能力不强，多以感性经验为主，因此，要求他们评论时有感就写、有话就说、不设限制、真情实感。

“时政述评”谱华章。八年级侧重以“时政点评”培养学生多角度分析问题的能力。教师可以考虑当前时段教材内容，结合重大时政和社会热点，提前布置下周要点评的时政内容。八年级学生思维进一步成熟，具有一定的知识储备、分析技巧及方法，要求他们在评论时结合所学知识，进行多角度点评。可以从道德、法律角度分析，也可以从其行为对自己、他人、社会、国家产生的积极和消极影响来分析。显然，时政点评对师生的要求更高——既要密切关注新闻热点，又要考虑教材内容；点评内容既不能过于单一让学生无话可说，也不能过于庞杂让学生难以抓住关键，更不能选择没有明确结论的时政事件让学生无所适从。例如，学生在学过八年级上册第五课“做守法的公民”后，已经了解什么是违法行为，故选择“高铁霸座”事件进行点评，不仅符合学生的认知发展规律，而且有利于学生高阶思维的发展。

“时政专题”奏响更强音。九年级学生则对接中考时政性和开放性的要求，采用“时政专题”形式，积极探寻时政教育新的打开方式，开展师生之间的深度合作，提高学生的综合应考能力。例如，围绕已定主题“生态文明”，九年级在讲授“共筑生命家园”这一内容时，开展专题教学活动。学生搜集到的“一路‘象’北再‘象’南”的视频内容鲜活生动，在课前一经播放，就引发了学生强烈共鸣。这一情境依托北移大象家族的安全南返，既使热点话题情境化、严肃话题生活化，又让学生在富有现实关怀和人文温度的课堂中，运用相关知识分析问题。针对九年级学生自我意识强烈、对人对事已有独到见解的情况，要求学生在写新闻评论时既要发出自己的声音，也要用客观辩证的思维看待身边各种社会现象。老师对学生的新闻评论及时跟进并反馈意见，既能锻炼学生独立思考和判断能力，也让时政教育更加个性化，真正实现因材施教，并在潜移默化中凸显了思政课的育人功能。

总之，关注学情使时政教育的开展更加符合学生身心发展特点，不仅有利于不同水平的学生形成科学认知方式，不断激发学生学习兴趣，也促进了时政教育教学目标的全面有效达成。

（二）“针对性”精选素材

课堂时政教育素材应有针对性，并围绕教学来选择，即要精心选择和提炼与教学内容相关的社会时政热点或有价值的生活素材作为播报内容。众所周知，现在的政治命题已不再是一味死记硬背就能应付的，而是以有关重大社会热点的真实情境为载体。所以，在平时教学中有意识地针对教材和课程选择相关的时政材料进行深入分析，可以为提升学生的能力提供具体的训练平台。教师可提前根据七、八年级教材内容，精心梳理，确定相关主题。如成功人物的成长过程、法律保障生活、公平正义等。尤其在九年级的时政播报中，许多同学惊奇地发现，新闻中提到的内容与课本上的国情、国策知识高度契合，感到十分亲切和熟悉。不少同学越来越爱看新闻类节目，并且常和家人探讨，其中独到的见解往往令人刮目相看。这样的课堂接地气、有底气，更让党和国家重大实践和理论创新成果进学校、进课堂、进头脑，真正有血有肉、走深走实。可见，有针对性地精选时政素材，一定要结合课本按主题、分阶段引导学生予以关注，不能太杂，也绝不是多多益善。

此外，从初中学生认知、心理等学情出发，教师们要帮助学生找到“接地气”的主题，剔除一些重要但理解有难度的“高大上”的时政信息，以更好地体现教师在时政教育活动中的导向作用。为此，老师们将播报时间确定在每周的第二课时，并于周一下午课前审定本周播报小组作品，周四下午落实下周播报小组任务，较好地保证了播报质量。

（三）“广角式”活动渗透

时政教育就是要引导学生快乐地学习。我校努力创新，开展了丰富多彩的时政教育活动。

延伸时事育出素养。在建党百年、党的二十大等重要时间节点或重大事件期间，学校组织开展编辑制作时政小报的活动，学生可以充分发挥想象，自由设计，活动按统一评价标准进行评选，以学校名义颁发个人奖励，并在校内进行展示；通过情景剧、模拟法庭等形式鼓励学生将时事演出来，梳理前因后果，增强学生对时事理解的趣味性和通透性；选择一个学生关注的重大热点问题，邀请专业人士以专题形式进行宣讲，以增强学生对时事问题探究的深刻性和自觉性。

开展比赛提供示范。学校围绕已定主题开展的时政播报比赛活动，已实现常态化并保持了延续性。每学年上学期，七、八年级各班赛前抽取“遵守规则、科技创新、依法治国”等播报主题，学生们充分准备，紧扣时代脉搏，从不同角度分析解读、发表观点，既引导学生努力做到“家事国事天下事，事事关心”，又为提升时政播报质量提供了示范和学习样板。

课外强化有机对接。用时事热点培养学生的政治认同、道德修养、法治观念等核心素养，仅靠课堂教学是远远不够的，还必须把课堂拓展到课外。为此，学校组织开展了“飒！我们的时政述评”项目化学习活动，学生们针对自己选取的播报内容发出不同声音，“第二十条”“SORA”“2023 年度感动中国人物”等述评各有亮点，凸显了学生的主体地位。再如，结合“校园欺凌”专项治理活动的时政播报，组织七年级学生“走出去”参观山东省法治教育基地，把思政小课堂同社会大课堂结合起来，促进学生在实践中成长，全方位提升学生的核心素养。

总之，面对一个个生动活泼、个性迥异的学生，教育者只有用生动的方式与学生的情感同频共振，用“新招、实招和妙招”改进时政教育方法，才能推动思政课真正担当起“立德树人”的使命。

（四）“立体化”借力平台

现在，我校在思政课堂时政教育的基础上，开展的每周一升旗仪式“锦屏少年看世界”新闻播报活动，已成为学校思政教育的新名片。借助学校平台，轮值班级负责总结一周国内外时事要闻并进行简要点评，这不仅扩大了思政教育的影响范围和辐射面，还将时政融入学生的日常，开拓了学生的视野，培养了学生的家国情怀。此外，围绕 IP 研发，学校进一步挖掘打造的“锦屏少年看世界”视频也已成为对外展示学校形象的重要德育建设品牌。通过这一新的媒介形式，对国内外影响较大的时事以及党和国家重大实践理论创新成果进行宣讲，形成线上、线下联动，产生了多链条、立体化的传播价值和社会效应。

（五）“有效性”评价改进

课堂教学离不开评价，评价的目的“不在于证明，而在于改进”。然而，评价往往只反映学生的认知水平，而忽视了知识的生成、情感的发展和价值观的形成，不够科学有效。针对这一现状，老师们进一步探索和完善了评价体系，从个人参与、问题解决、小组协作、成果展示、建设意见五个维度注入引导机制，力求使评价体系更加公正、多元和有效。有效的评价是促进学生持续发展的推进器。简便易操作的评价体系的运用，让学生从“学政”“观政”到“关政”，从“听政”“议政”到“参政”，使学生捕捉最新时政主题的敏感度、选择时政内容的把握度和时政活动的参与度有了很大的提高，也使教育评价真正担负起了解学生进步情况、激励其付出努力、调整教育安排、评估教育实效的作用。

反思：不断提质增效

当老师们赋予“时政”以研究的眼光，看似平常的工作就变得丰富而精彩。我们也从中尝到了主动探索教学改革的甜头。

（一）促进了学生的发展

时事教育活动的开展，不仅使课堂更具有真实性和时代感，而且激发了学生自由生长的潜能，促进学生在播中学、在学中思、在思中悟、在悟中进，教师可谓无心插柳柳成荫，有效提升了核心素养育人效果。

（二）促进了教师的成长

几年来，研究探索和教育实际的密切结合既让教育者充分发挥了创意，又实现了教师在专业上的进步。这方面，教研组老师们颇有感触，从时政课题研究到学校年会分享，再到论文在全国中文核心期刊发表，这些经历促使他们成了“明白”之师。

（三）聚焦了学科和学校教育教学的需求

时政教育的推进对我校思政学科发展起到了极大的促进作用。近年来，老师们多次在市区教研活动中就“时政教育”进行经验分享，扩大了影响范围和辐射面，对区域初中思政学科的建设和发展也起到了带动作用。

尽管我校时政教育在实施过程中取得了较好成效，但仍然存在诸多问题。例如，在学生提问、教师补充等环节中，如何使提问、点评更加准确和完备；

如何打造更加完整、规范、科学、高效的时政教育新体系，仍需要不断摸索、试错与创新研究。为此，在今后的工作中，我们仍要在时政教育指向思维、指向情感、指向行动等多方面下功夫，不断掌握和理解优秀的教育教学理念，为培养“学能致用、育能成才”的“德才兼备”的优秀学生，且行且思且求索……

“社会那么大　我想去探探”

——初中道德与法治“社会大课堂”开发与实践研究

牟伟伟

人物扫描

牟伟伟，现任济南市济阳区竞业园学校党政办公室主任，自参加工作以来，一直从事初中道德与法治学科教学并担任班主任。荣获济南市优秀班主任、济南市初中思想品德优质课评选一等奖、济南市初中思想品德课优秀教学设计评选一等奖、济南市中小学思政课改革创新优秀案例一等奖等荣誉。所带班级曾获“济南市优秀班集体”称号。

“社会大课堂”是新时代落实立德树人目标的重要载体，也是提升思政课教学质量和实效的重要途径。济阳区竞业园学校通过“融合资源 · 挖掘社会大课堂课程资源”“熔炼课程 · 建设社会大课堂探究式课程群”“溶于议题 · 创新社会大课堂课程实施策略”“荣自评价 · 构建社会大课堂课程评价体系”，引导学生用思政小课堂中学到的科学理论去观察、分析复杂的社会大课堂，提高学生发现问题、思考问题和解决问题的能力；用思政小课堂中的主流价值引领社会大课堂中的多元价值，提高学生把握主流、辨别是非的能力；通过社会大课堂去验证理论的科学性、真理性，提高理论教学的现实性、针对性，使社会大课堂与学校思政小课堂有机结合，发挥其应有价值和生命活力。

我在道德与法治课《关爱他人》一课中组织小组讨论交流时曾出现这样一幕：面对一个生活中普通的求助案例，学生们积极讨论甚至激烈地争论着。

“我们觉得应该帮助他，因为乐于助人是我们中华民族的传统美德。”

“向他伸出援助之手，不需要我们做太多，就能解决他的困难，何乐而不为？”

“有舍才有得，我们把爱心献给他人，能赢得他人的尊重，也能培养自信、大度、真诚、善良的优秀品质。”

“我们觉得不能帮，谁知道他是不是真的有困难？小心是个陷阱。”

“我们经常在新闻上看到类似的报道，给别人带路结果被拐卖，帮别人扫码被骗钱财，扶老人被讹，还是小心点好！”

“帮助老人这件事，我们必须掌握正确的方法，不能急于扶起，不能随便搬动，要分情况处理。我觉得最好的办法就是赶紧拨打 120 急救电话。”

……

孩子们能从自身认识出发，表达自己真实的想法，这让我很欣慰。回想以往“满堂灌”的课堂，老师以书本或理论进行讲授，学生缺乏表达的机会，缺乏展示自我真实想法的机会，课堂变成了教师的“独角戏”，教师的讲授剥夺了学生的思考权和话语权，学生则成了教师“说书”的看客和听众。相较于此，孩子们能在课堂上积极讨论，甚至就不同看法进行争辩，显然是一种巨大的进步。

新课程改革以来，老师们充分运用小组交流讨论，让学生高效地“动”起来，已经成为一种课堂追求。积极热烈的讨论和开阔发散的思维，让我们的思政课堂精彩纷呈，充满活力。

现在一个看似很简单的话题，已经引发了很多孩子心中真实的困惑。“要帮吗？”“敢帮吗？”“会帮吗？”“咋帮呢？”面对复杂的社会，一些讹诈、拐骗事件导致社会信任度下降，这种负面新闻影响了学生对社会道德行为的判断，使他们对做好事之后可能引发的后果产生恐惧心理。孩子们内心的疑惑、观点的冲突、观念的挣扎显而易见。我们该如何正确分析和加以引导？正值青春年华的孩子们，心中那份对未知的渴望和探索更加强烈。当回归教育的原点去思考追寻时，我们可以看到，解决学生的真实困惑，促进学生的道德发展，提升学生的思维水平，都是我们无法回避的任务。

“社会那么大，我想去探探。”一名学生突如其来的想法瞬间点燃了我教学思想的火花。于是，我们带着好奇与期盼，依托学校活动开启了思政第二课堂，组织学生分批进入学校周边的社区、公园、超市等社会场所，开启了一场与社会实践的温暖邂逅。

一是角色扮演。学生扮演求助者，将各种可能遇到的道德困境进行预设，“公交车要不要让座问题”“拾金不昧索不索要报酬问题”“别人摔倒要不要扶的问题”“路边的求助要不要献爱心的问题”等，剧本均由学生自行编辑设计，我引导学生从不同的角度思考问题，如法律规定、道德规范、社会风气等，大家走上街头，接受不同社会人群的反馈。“我扮演的是求助人，当我看到路人一个个拒绝的眼神、一张张皱眉嫌弃的脸庞，感到特别委屈和无助，但是当有人提出帮助我时，我感觉像天使降临，感觉天都亮了。”“我当时都想哭了，切身体会到了求助者内心那份期盼和焦急。”“要帮，但凡放下颜面去求助他人，那一定是真遇到困难了。”通过体验活动，孩子们唤醒了内心的善意，他们助人为乐并乐在其中，远远战胜了内心的担忧。

二是街头采访。孩子们带着“乐于助人，帮与不帮”这一议题，分成了几个小组，跟随“求助者”适时采访周围的路人。“排除万难，就是想帮他，那一刻，我觉得成就感满满。”“这没关系，我还是有一定的判断力的。”“尽己所能，量力而为。”大家发现思考这一问题的角度多样，有的人表示“理解大家的担忧”，有的人则坚定地认为“应该毫不犹豫地帮忙”，有的人提醒“帮助他人要注意自我保护”，并分享了很多警示案例，告诉我们如何避免危险、如何尊重他人。

“在调研过程中，我们可以与各行各业的人交流，收集更多人的心声，不‘社恐’，不‘害羞’，思路渐渐打开。”学生兴奋地说。道德品质与情感需从丰富的道德体验中得到升华，要经历道德认知冲突之后才趋于理性，在道德实践中得到强化。思政小课堂与社会大课堂有机结合，老师给学生提供展示自我、探究社会的平台和机会，让他们走出校园，看到不同的风景，听到不同的观点，遇到不同的人，让他们更加深刻地了解社会，更加清晰地认识自己，切身体会人与人之间的温暖与关怀，每一次与社会的接触都会是一次心灵的洗礼。

在这个过程中，学生就像是一颗颗种子，感受着社会的温暖与滋润，积蓄力量，蓄势待发。经过此次社会大课堂活动，学生们对“乐于助人，帮与不帮”这一问题有了更深入的理解。他们不再简单地从单一角度看待道德问题，而是能够综合考虑道德、法律和社会因素思考问题。在后续的课堂讨论中，学生们能运用所学知识和实践经验，条理清晰地阐述自己的观点。在日常生活中更加注重自身的道德行为，他们认为“该出手时就出手！不犹豫，但也不盲目，要智慧地帮助！”

社会那么大，我们必须去探探！再多的理论说教也抵不过实践的体验探究，仅靠老师用“嘴”讲，即便举再多例子，学生也无法理解与认同，而当学生通过一些课外实践活动，建立起自己的亲身体验后，学生就能够顺畅地理解知识，发自内心地认同课程内容的观点。思政课承担着铸魂育人的重大使命，习近平总书记多次就思政课改革创新发表重要讲话，强调“‘大思政课’我们要善用之，一定要跟现实结合起来”，“思政课不仅应该在课堂上讲，也应该在社会生活中来讲”。这一重要论述凸显了思政课实践教学的重要性，为思政课实践教学改革创新提出了新要求、指明了新方向。

我们以国家课程为基础，构建社会大课堂探究课程群，采取“挖掘当地资源—选择探究课程—设计课程议题—研究驱动问题—研制任务单—合作完成任务—展示分享成果—评价反馈反思”的大思政课实施路径，从学生的真实生活和情感入手，让学生在实践中体悟思政教育的力量。

融合资源，挖掘社会大课堂课程资源。社会大课堂课程资源非常丰富，它涵盖了众多领域，有丰富的文化场馆、经济场所、自然环境等，能让学生身临其境地感受知识、增进理解、提升能力。我们充分考虑学生的年龄特点和认知水平，注重激发学生的学习兴趣，基于真实的社会现象和问题，结合社会热点、时事案例，透过真实的社会情境，通过企业参观、职场体验、社会调研、社区志愿服务、法治宣传等活动，引导学生关注社会发展，参与社会实践，理解道德与法治知识在社会生活中的具体体现，增强学生对这些知识的理解和应用的意识，引导他们主动探索、积极思考，从而在“社会大课堂”中实现道德与法治教育的有效渗透。我们充分利用当地的政务部门、公益部门、法治机构、公园景区、历史遗迹、农村社区等宝贵的社会课程资源，组织学生去敬老院探望孤寡老人，去人民法院感受法律尊严，去公园景区感受新绿，去博物馆感受文化自信，去农村田地感受风土人情，去红色基地感悟爱国情怀……比如在“生命教育”单元主题中，我们在学习生命相关理论以后，通过学校生命救护课程和志愿者服务课程带领学生走进社区，以情景模拟、急救体验、发放倡议书等方式，宣传生命可贵、夏季防溺水、黄金救援等内容，通过与居民的互动，提高学生的社会实践能力，培养为他人、为社会服务的责任感，增强生命安全意识。社会大课堂中蕴含着丰富的育人资源，为我们的思政小课堂提供养分、提供平台，成为有温度、有活力的课堂。

熔炼课程，建设社会大课堂探究式课程群。新课标强调为学生创设真实情境，并为教师提供情境素材收集和使用的方法，让学生直面生活中可能遇到的真实问题，通过在拟真或真实的氛围中与教师和同伴互动，最终解决问题，并将其运用到实际生活中。我们深入剖析教材，把握核心素养焦点、时政热点、学生需求点，紧扣学生的真实生活情况，提出具有开放性、启发性和两难性的议题，充分发挥组织优势、课堂优势、机制优势，将课堂内外资源进行整合，积极探索小剧场、模拟法庭、辩论会等体验探究式思政课程群。结合学生思想成长的阶段性特征，充分挖掘和利用其中的思政教育元素，做好顶层设计与整体架构，形成新的单元主题模式，统一规划真实性任务，在统一、连续、有序的活动（或任务、项目）组织中实现相关课程的整合实施。使学生在真实情境中重建知识结构，激发主动性，挖掘优势点、兴趣点与闪光点，以越来越灵活和接地气的形式引领学生走出校园，走向社会，主动了解社会、探究社会、服务社会，深化实践体验，生成关键能力，形成正确的世界观、人生观和价值观，实现现实认知与行为的有机统一，实现与理论课程的有机融合，在实践中有所悟、有所知、有所行，在探究、感悟中正确成长。例如，通过中学生党校课程，学校精心设计开展具有“主体性、体验式、活动化、探究性”特点的“红色之旅”社会实践活动，组织学生参观济阳区烈士陵园、济阳区博物馆、济阳区第一党支部旧址，看“红船”舞台剧社区演出，参与《破晓的曙光》诵读社会宣讲等活动，让学生在行中学、行中研、行中悟。全体师生踏着英雄的足迹，秉承前辈的遗志，传承先烈的精神，自觉树爱国主义之根，立民族精神之魂，完善政治认知，培育政治认同，践行社会主义核心价值观，进一步促进教育与社会生活实际相结合，加强学校教育与社会教育的沟通、协调和融合。

溶于议题，创新社会大课堂课程实施策略。首先，选择课程议题：一是学生通过自己的生活经验和已学知识进行判断后，迫切想了解的问题。如有学生在人际交往方面出现问题，遭遇到同学冷战、误解等，出现消极情绪时，此时推出“我的情绪我做主”“缓解不良情绪”等心灵驿站课程，使学生在学习了“情绪”主题之后，在心灵驿站课程中体验、理解、认同，进而指导生活。二是贴近学生生活的问题。比如学生毕业时将课本等资料扔进垃圾桶，我们环保课程适时推出了“课本捐赠”“废纸回收”“爱心义卖”等活动，使学生在活动课程中有效实现资源循环利用，养成节约习惯，并培养爱心奉献的品质。三是社会热点、焦点问题。比如疫情防控专题，道德与法治课教师开发了“健康饮食”“一疫众生相”“社区志愿服务活动”“野生动物的哀号”等拓展课程，充分利用疫情防控中的鲜活案例、先进典型和人生百态，挖掘其中的思政元素。然后实施课程议题，教师通过谈话、视频、案例等方式引入议题，激发学生兴趣。小组成员分工明确，协作顺畅，围绕议题展开讨论和交流，进行探究行动，并分享各自的看法。在活动过程中，教师鼓励学生提出不同观点，进行思维碰撞，引导学生积极思考，发现问题，解决问题，培养学生的创新能力和实践能力。引导学生参与讨论、探究、解决具体问题的教学方法。加强安全教育和管理，确保学生在活动过程中的安全。最后，分享总结议题：教师通过展示学生的实践成果，如报告、照片和视频等，组织学生进行交流，分享活动体验和收获，增强学生的自我认知和自我提升能力。同时引导学生对活动进行反思和评价，找出优点和不足，提出改进建议，使课程不断完善。

荣自评价，构建社会大课堂课程评价体系。在构建评价体系指标时，我们坚持全面、多元、导向评价。在学生层面，教师评价、自我评价、他人评价等多元主体相结合；观察记录、问卷调查、成果展示等多元方式齐参与；政治认同、道德修养、法治观念、健全人格、责任意识等多元导向共提升；同时，从多元角度发现学生的闪光点，不局限于成绩，观察学生在社会大课堂中的出勤率、活跃度和投入度，关注学生的情感变化，对社会问题的关注度是否提高、社会责任感是否增强。例如，在参加环保主题的社会大课堂后，观察学生是否在日常生活中开始注重节约资源、践行垃圾分类等环保行为，体现出对环境保护价值观的认同。这些都会让学生感受到自己的价值，极大地增强他们的荣誉感，激励他们在更多方面积极发展自我。教师层面，要评价教师是否具备教学设计与组织能力，即能够根据教学目标和学生特点，合理设计社会大课堂的教学内容和活动流程。比如，教师是否能够结合当地实际资源，选择合适的博物馆、企业、社区等场所，并设计有针对性的教学环节，使学生在参观、实践中有明确的学习任务；是否发挥了引导和指导作用，即在社会大课堂活动过程中，看教师能否有效地引导学生思考、讨论，帮助学生解决遇到的问题。如学生在企业参观中对生产流程不理解时，教师是否能够及时给予通俗易懂的解释，启发学生对劳动价值等思政观念的思考；是否有教学反思与改进能力：考察教师在社会大课堂活动结束后，是否能够对活动进行总结反思，针对出现的问题提出改进措施。如教师能否根据学生反馈，对下一次社会大课堂的主题选择、活动形式等方面进行优化。

“社会这么大，我想去探探。”这早已成为我的思政教育追求。社会大课堂，它帮助我准确、深入地理解科学理论，紧跟时代步伐，将社会中的真实案例转化为生动教材，丰富了教学素材，提升了教育趣味。它帮助我培养学生正确的世界观、人生观和价值观，使学生亲身体验和实践书本理论，促进知行合一，在实践中理解思政内涵，培养实践能力和社会责任感。它帮助我鼓励学生独立思考，培养辩证思维能力，学会立足实际，权衡利弊。在社会大课堂的课程中，我们激发了学生参与社会的热情，打开了活跃的思维和开阔的思路，感受到了社会大课堂对思政小课堂的影响，我要努力成为科学思想的启迪者、担当价值的引领者、优秀文化的传承者、学生心灵的守护者。

在书本静水中思考，在学生浪涌时行动，在思政风雨下坚守，在社会实践中升华。趁着年轻，趁着有梦，勇敢地走出校园。社会大课堂，我们来啦！

打造“接地气儿”的思政课

严　林

人物扫描

严林，任职于济南市南山西营街道初级中学，道德与法治组学科教研组长，南山道德与法治中心组成员。荣获济南市思政教师育人关键能力大赛一等奖、济南市青年教师教学竞赛二等奖、济南市“走青春路，做育花人”主题教育竞赛活动三等奖、南山社会事务局表现突出个人、南山“一师一优课”二等奖等荣誉。多次获得“优秀教师”“教学能手”荣誉称号。

初中道德与法治课程是国家思政课程的重要组成部分，是贯彻立德树人根本任务的关键课程，但由于种种原因，道法课给大众的印象总是死板的，课堂上画一画，背一背，考试能过关就行。许多同学觉得政治课没什么用处，好像总是在重复所有人都知道的大道理，有时和家长沟通，家长也会说："政治有什么难的，背一背不就及格了吗？"这种观点不但在社会生活中普遍存在，在不少非道法科目的老师中也并不少见。如何打破大众对道法课的刻板印象，让道法课堂有"新气儿"，有"人气儿"，有"活力儿"，更"接地气儿"，是我在课堂中不断探索的内容。

时政引入课堂，让课堂有"新气儿"

生活中每天都会发生各种各样的事情，各类新闻中会讲到全国各地的大事小情，这些鲜活的事件，可以给我们的道法课提供新鲜的素材。但是初中学生社会阅历尚浅，他们的年龄决定了他们不爱关注国家大事，而是喜欢看动画、打游戏、追明星、玩卡牌，让他们回家之后看看新闻，了解国家发展简直是天方夜谭，对于各种新闻事件，学生也不能理解，这就进一步降低了孩子们关注新闻的热情。我们学校是一所农村寄宿制学校，学生没有关注新闻的时间和条件。如何解决？学生没有时间看，那就拿出课堂中的时间，带领他们看；学生不愿意看，那就从他们感兴趣的内容入手，引导他们看；学生不会看，那就全班共同交流分享，教会他们看。

在每节课的开始，我设计了"时政播报"的课前活动环节。我会把新闻中涉及的学生不知道、不了解，但可能会感兴趣的内容整理出来，通过课件或者小视频的形式制作出来，并设计思考讨论的小问题，课上带领同学们共同交流。课堂上，我与同学们共同探讨最近发生的各种家事国事天下事：从神舟飞船的一次次发射，我们共同探讨我国的航天研究和发展；从"奋斗者"号的下水，我们共同交流我国载人深潜的探索历程；我们还从东京奥运会聊到北京冬奥会，再到感叹巴黎奥运会运动健儿的精彩瞬间和拼搏精神；地铁1

号线投入使用，我们就围绕济南地铁的发展历程展开交流……无形中同学们就会发现，身边的大事小情，都有道德与法治的影子。经过每节课潜移默化的影响，孩子们不再觉得道德与法治课堂是枯燥乏味的了。每节课前，一双双亮晶晶的眼睛总是期待着“家国大事”，课堂中“新气儿”十足，学生们学习道法课的热情不断增加。

时政热点素材不但可以放在课前用以激发学生的学习热情，而且精心选择合适的事例，并把它放到相应的教学内容中，更能带来事半功倍的效果。初中学生年龄小，对道德与法治教材中的一些知识点无法产生认知上的体验和思想上的共鸣，运用时政热点有效创设教学情境，一方面能拉近学生与教材内容之间的距离，激发学生的学习兴趣；另一方面，生活中的情境可以丰富学生的情感体验，让学生在情境中产生共鸣，理解学科理论知识，并学会运用理论知识来分析生活中的现实问题，从而自主达成课堂学习目标，提升课堂学习质量。例如，在学习九年级下册《同住地球村》时，学生对世界是开放的、发展的、紧密相连的理解存在困难，于是我选取了上海第七届中国国际进口博览会的时事热点材料，通过进博会开幕的新闻报道，创设学习情境，引导学生共同走进进博会。在对进博会不同展区的介绍中，学生逐步感悟出世界开放、发展、紧密相连的特点，同时结合九年级上册改革开放的相关内容，学生们进一步认识到中国开放发展大门、迎接八方来客的博大胸襟，同时为九年级下册第三课《中国担当》的学习奠定了基础。

生活构建课堂，让课堂有“人气儿”

新课标指出，道德与法治课程以“成长中的我”为原点，将学生不断扩大的生活和交往范围作为构建课程的基础。学生生活是学生认知的起点，只有从学生生活中来的知识，学生才想知道、能理解、有认同。

陶行知先生提出“生活即教育”，强调教育要以生活为中心，教育要通过生活才能产生力量而成为真正的教育。在课堂教学中，以贯通学生生活为主要思路，把学生生活与课堂教学结合起来，使学科知识与生活实际完美融合，是我在课堂教学中的不断追求和尝试。

在教学八年级上册《社会生活离不开规则》一课时，教材内容主要涉及维护秩序和遵守规则几个重要知识点，内容多、说理多，如果仅仅是把知识传递给学生，课程内容就会枯燥，也容易使学生产生厌烦心理，课堂教学可能变成乏味的说教课。如何吸引学生学习兴趣，让学生真正理解什么是规则、如何遵守规则呢？这引起了我的思考。在一次午自习值班时，忽然听到有名同学抱怨："中午打饭，某某又插队了，气死人了！"我忽然灵机一动：学校就是一个小社会，这里的规则这么多，何不从这一点入手呢？于是我设计了"学校规则调查问卷"。通过调查问卷，学生对学校规则的认识清晰地呈现在问卷中。随后以调查问卷为基础，从学生生活实际出发，我精心设计了课堂教学内容，整堂课学生参与度高，学习氛围活跃。这堂课的设计用真情境，提真问题，想真办法，解真难题，学生在课堂中也真正理解了知识，掌握了知识。在对学校生活中规则的了解和讨论中，学生维护规则的意识和改进规则的能力也不断加强，最后我们还共同对学校的部分规则提出了合理化的建议，得到了学校认同。课后学生们很兴奋，觉得自己为学校做了一件大事。课堂教学中，把学生作为学习的主体，让课堂以"人"为本，以"生活"为本，充满"人气儿"，课堂就会更加精彩。

现在的孩子，受时代的影响和网络大环境的冲击，自我意识比较强，很少能够站在别人的立场思考问题，凡事喜欢以自我为中心，当我们直接要求他们关心父母、体谅父母的时候，他们往往不以为然，或者嘴上和心里都知道，但遇到问题仍会漠视、顶撞甚至与父母发生冲突。因此，必须让学生真正走近父母，真正体验和理解父母的处境，才能促使他们发生积极的改变。在设计"爱在家人间"一课时，为了避免学生心里厌烦，嘴上敷衍，让学生真正了解父母的工作，感受父母的艰辛，我结合学校的德育活动，提前布置了几个任务：采访父母的成长经历，我与爸妈换天岗，我为父母做件事，我给爸妈写封信……让学生周末在家完成。上课时，我就完全抛开了课本框架，就是用聊天的形式，让每个同学都说一说自己做了哪些事，为什么选择做这件事，做的时候有什么想法，做完之后父母有什么反应等，在聊的过程中，通过问题引导学生明确亲情之爱，体会爱之深责之切，并进一步引导学生理解父母的良苦用心，收到了良好的效果。可见，只有源自生活的课堂，才能走进孩子的心里。

课程拓展课堂，让课堂有“活力儿”

“云锦课程”是我校的校本特色课程，课程从心向红色、心念传统、心系自然、心怀他人、心知自我五大领域，融会贯通国家课程、校本课程于大思政课程之中。在日常教学中，我着力依托学校云锦校本课程与道法课堂教学，开设各类校本实践课程，通过将课外知识引进课堂，课堂教学走出校门，筑牢学生思想堡垒，培育学生核心素养，塑造多彩“西中少年”。

西营是个人杰地灵的地方，当地有许多美丽的传说，更是济南战役的大后方，拥有丰富的人文资源和红色资源。据此，我校设计了“追寻红色记忆，传承抗战精神”红色旅游课程，这也是我校云锦课程“心向红色”的主要内容之一。

本课程围绕一个主题开展教学，即让学生去寻访西营当地的红色遗址，设计具有西营特色的红色旅游路线图。教师让学生们通过搜集网络资料，寻访村里的老人，询问父母长辈等多种方式调查了解西营红色革命遗址，重温那段激情燃烧的岁月，缅怀革命先辈的英雄事迹，探访红色遗址，寻找历史留下的印记……红色旅游路线图设计有助于学生形成正确的价值观，坚定正确的政治方向，初步树立共产主义远大理想和中国特色社会主义共同理想，成为德智体美劳全面发展的社会主义建设者和接班人。通过课程学习活动，学生利用课下时间搜集到猫耳洞革命遗址、藕池马家大院革命遗址、张北华故居等红色资源之后，教师引导学生以导游的视角设计旅游路线图，并配上图文并茂的材料，制作成参观手册，学生各学科知识齐聚，各种技能联动，不断提升综合素养。在完成路线设计之后，我们又付诸行动，带领同学们亲身实践，让同学们真正走进红色故居，并请来参与过战役的老红军爷爷，为同学们讲述那段光辉的岁月。课程设计和实施充分调动了学生的参与积极性，进一步提升了学生的家国情怀，培养了学生的政治认同。

初中学生正处在人生的黄金时期，充满活力且对未来充满期望，但恰逢青春的他们，更善于关注自己，善于从自己的角度思考问题，有错误也更倾向于向外归因，这使得他们随着生活和交往范围的扩大，遇到了许多成长中的问题和交往中的困惑。解决这些问题，需要遵循学生身心发展特点和成长规律，结合道德与法治学科贯通生活实际，我研发设计了“纸短情长”课程，它是心怀他人课程的体现。课程设计立足于发展学生核心素养，引导学生体会生活中的亲情、友情、师生情，感受美好情感，在交流中学生学习和掌握与他人交往的原则和技巧，努力提升和培养学生认识他人、了解他人的能力，学会与他人和谐相处，成为更好的自己。

课程中，我设计了四个主题项目：“我的亲人小档案”“我和我的老师”“我亲爱的朋友”和“说说我的榜样”。“我的亲人小档案”主题项目是通过制作亲人小档案开展学生亲子沟通的活动。学生根据老师设置的相关问题采访家长，增加了对亲人的了解，明确了他们对自己的期望，同时通过给家人的一封信以及家人的回信，进一步增进了亲子感情。主题活动完成后，同学们感触颇多。“我和我的老师”则是以“我给老师画张像”为开头，学生下笔如有神，给老师们画出一张张“抽象派”的画像，让老师们苦笑不已。“我亲爱的朋友”主题中，学生红着脸为自己对朋友的误解道歉，感谢对自己有过帮助的同学，吐槽闺蜜的种种“表里不一”，既是情感的宣泄，也是感情的升温。通过给朋友的一封信，融洽了朋友间的感情，学会了表达自己，同时学会了更好地处理人与人之间的关系。“说说我的榜样”主题从社会生活中的模范人物到身边的榜样，引导学生发现别人身上的闪光点，通过为榜样书写颁奖词的方式，鼓励学生发现并赞美别人。课程设计主题鲜明、形式多样，围绕立德树人根本任务，实现课程育人，进一步培养了学生的健全人格。

思政教学不仅仅是知识的照本宣科，生活才是最大的课堂。“双贯通”强调要建立起社会大格局全员育人的模式，与社会紧密连接，使思政课更加积极回应社会主义发展要求，在实践中推动学生成为社会主义建设者和接班人。新时代的思政课更加重视信念追求与情感价值的培育，强调知、情、意、行的统一。只有将思政课的育人环境置于社会的大背景之下，将党和国家对人才的要求与学生成长发展的需求相结合，立德树人的终极育人目标才能在实践层面得以落实。

实践充实课堂，让课堂有“地气儿”

除了思想的充实，劳动也是促进学生成长的契机。劳动素养的培养，也是立德树人目标的重要内容，我校积极引导少先队员开展丰富的社会实践活动，鼓励学生走出课堂，走进田间，通过劳动实践，使课堂充满“地气儿”。

我校在西营镇罗伽村建立了西营街道综合实践活动基地。通过各种劳动实践活动，锻炼学生的动手能力，提高学生的劳动素养。在实践基地，同学们暂时告别熟悉的校园，返璞归真，回到乡间田野，他们挥洒汗水，播种希望，收获成长。秋天，老师带领同学们拿起锄头，种下一颗颗麦种，从无从下手到有模有样，学生们脚上沾满了泥土，脸上却洋溢着欢乐的笑容。种完麦子，学生们又去摘山楂、刨地瓜，虽然动作不熟练，但热情高涨。夏天，迎着烈日，同学们来到基地欣赏滚滚麦浪，拿起镰刀，收获金黄的麦穗。收麦子的过程是辛苦的，但也是充满乐趣的。同学们在田间来回穿梭，忙碌而有序地进行着收割工作。他们互相配合，有人割麦子，有人捆麦子，还有人负责运送麦子……整个田野里弥漫着一种团结、奋进的氛围，每个人都在为同一个目标而努力。在小小的“欢乐农场”里，同学们不再是板板正正坐在教室里的学生，转而变身“小小农场主”，不但亲身见证了农作物的成长，还互相配合当了一回“厨神”，烹饪了自己亲手栽种的蔬菜。同学纷纷表示，这顿饭虽然不是最美味的，但却是最香甜的。

在实践基地，同学们通过亲身经历，认识了各种农具，学会了如何种植，感受到劳动的不易，真正体会到通过自己的双手收获的喜悦。这种体验，是无论如何也没办法仅通过课堂讲授就让学生学会的。新的时代，我们的青少年成长在物质条件越来越优越的环境中，吃苦耐劳、艰苦奋斗的品质在逐渐淡化，学生经历的挫折越来越少，承受挫折的能力越来越低，许多学生出现了因为各种原因导致的心理问题，抑郁、学业障碍、厌学等情况屡见不鲜。劳动实践基地的建立，不仅仅是给学生提供了一次劳动活动的机会，更为学生敞开心扉、亲近大自然、锻炼劳动品质、提高抗挫折能力提供了一条道路。劳动实践基地的建立，是把学校小课堂和生活思政大课堂紧密结合的有效实践，品德、素养、责任意识、价值观并不是仅靠课本讲解就可以像知识一样教授给学生的，学生需要真正认同才会信服，才会践行，这为学生道德品德的培养提供了契机。

苏霍姆林斯基在《谈谈教师的教育素养》一文中提到：教师获得教育素养的主要途径就是读书、读书、再读书。读书是教师专业成长的“助推器”。在济南市第二届青年教师研修班学习期间，我阅读了大量的专业书籍，如《选择相信》《深度学习：走向核心素养》《做一个幸福的教师》《中学政治教学参考》等，通过大量的阅读，我的眼界变得开阔，专业知识也得到了提升。2023 年，我有幸作为南山代表参加了山东省思政骨干教师培训。在培训中，山东省教研院张彩霞教授、山东省青年政治学院马克思主义学院刘丙元教授以及山大二附中的骨干教师，从不同角度为参会教师带来了一场场精彩的报告，他们教育理念先进，教学特色鲜明，站位高远，为我的思政课教学提供了专业的引领。在过去近 20 年的教学生涯中，我一直努力践行着做一名实践型、反思型老师的理念。课前思考，课中观察实践，课后反思总结，我努力寻找解决课堂实效性的办法，在不断反思中，我也在不断成长。

教育本质上是实践的学问，不是理论的学问，只有把课堂与生活充分联结到一起，才能实现真正的“双贯通”。道法课要上得“接地气儿”，才能使学生真正爱上道法课，看到道法课的有趣、有用。当思政小课堂能链接时代大课堂时，就会生发出新时代铸魂育人的关键力量。

行动是改革的终极力量

李　塘

人物扫描

李塘，济南市历下实验小学副校长，道德与法治专任教师。连续三次荣获基础教育教学成果奖，分别获得省级三等奖、一等奖和特等奖，2022年思政教学成果荣获基础教育省级教学成果国家级二等奖。先后被评为齐鲁名师（建设工程人选）、济南市教育科研先进个人、历下区思政教育改革先进个人、历下区优秀思政教师。主持、参与国家级、省市级课题20余项，参与编著多部图书，多篇论文在国家级刊物上发表。

2022年基础教育教学成果评选中，我参与的思政学科教学成果荣获国家级二等奖、省级特等奖。这是我第三次荣获省级以上教学成果奖。欣喜之余，不免沉思良久，国家级教学成果奖为何会“花落我家”？27年的从教经历，22年的思政教学改革历程，能否成为我用行动对新时代教育做出的积极回应，进而实现高质量育人的使命担当？静水流深，闻喧享静，在回顾与梳理中，我希望能用自己安静务实的工作态度，历尽艰辛的改革历程，回答以上思考，感受我在追梦路上伴随教学改革生长起来的行动力量。

向高处走：坚定政治方向，牢记为党育人使命

思政课是落实立德树人根本任务的关键课程，上好思政课，最根本的是要全面贯彻党的教育方针，紧扣时代脉搏，着力培养“有理想、有本领、有担当”的时代新人。20年的教学经历，让我对思政课有了自己的学科理解。思政课一定是区别于其他学科教学的，上好思政课一定要做到情真意切、善思明辨、知行合一、感同身受。因此，我通过创新教学策略积聚力量，读懂国家意志、贴近时代需求，以真问题激发真改革。在不断解决问题的过程中，我坚定选择了以“乐学、思辨、践行”为主要特征的小学思政教学改革道路。这条道路不仅符合思政课的本质要求，更能够激发学生的学习兴趣和动力，引导他们不断向知识的高峰攀登。

在我的课堂上，我注重培养学生的独立思考能力和创新精神。我鼓励他们敢于质疑、勇于表达，让他们在思辨的过程中不断成长。同时，我也注重将理论知识与实践相结合，让学生在实践中体验和感悟思政课的真谛。通过这样的教学方式，我提炼出了一套具有鲜明特色的思政教学实践经验，打通了儿童道德成长的新路径，帮助学生树立了正确的价值观念和道德信仰。

调查表明，我教的班级有98.7%的学生喜欢上思政课，78.35%的学生敢于质疑、勇于表达。学生们不仅在课堂上学到了知识，更在实践中得到了锻炼和成长。他们每月参与道德实践的时间平均达到20小时，多名学生获得山

东省新时代好少年、山东省优秀少先队员等荣誉称号，学校少先队大队也获得了全国优秀少先队集体的殊荣。这些成绩和荣誉的取得，离不开我对思政课的热爱和不懈追求。我深知，只有不断向高处走，才能培养出更多有理想、有本领、有担当的时代新人。

向深处走：深耕课堂教学，创新教学策略

2002 年，我作为一名普通的思政教师，跟随着我们的校长开启了一段长达二十余年的教学变革之旅：从山东省内首创辩论式教学到大力开展思政实践活动，再到创新“辩论式合作学习范式”，创建“乐思行”教学策略，最终形成了思政学科“乐思行”教学体系，有效破解了小学思政教学忽视儿童道德发展主体性、实践性的难题。下面我便从创新教学理念、构建教学模式、进行课程整体设计三个方面，阐述我们的一些具体做法。

（一）创新“乐思行”思政教学理念，构建以发展儿童道德自主建构能力为宗旨的教学体系

在推动儿童道德教育的创新征程中，我们坚定以培育儿童道德自主建构能力为核心导向，紧密依托国家课程标准，独创性地构建了“乐思行”思政教学理论体系。该体系秉持“乐学为基、以思促行、知行合一”的核心思想，倡导将道德学习过程视为“乐学”“思辨”“践行”相互融合、相互联系的有机整体。“乐学”是儿童获取正确德行的出发点与动力，“思辨”是创之始、学之源，“践行”则是道德学习的保证和归宿。我们创建的乐思行教学体系不仅要让儿童快乐学习、有效思考、知行合一、学以致用，更要引导儿童在乐学中思辨，在思辨中践行，在践行中提升道德认知，指导生活中的道德行为。因此，“乐思行”教学体系展现出的道德教育过程是一个有趣、有理、有思、有行、有情的整体化过程；是发展儿童道德自主建构能力的教学革新过程；更是实现思政课生动性、思辨性和行动性辩证统一的全方位育人过程，它使儿童真正参与到道德学习中来，实现自身的道德成长。旨在通过融合寓教于

乐的趣味性、思辨引导的深刻性及行动实践的实效性，为儿童铺设一条全面且鲜活的道德学习之路。

（二）构建“一点·双线·三形·五环”教学模式，打造“乐学+思辨”课堂

最深刻而有效的改革，一定是落实到课堂上的。我和我们的思政团队，怀揣着对教育的热忱与责任感，深入开展了思政课堂改革。经过多年的不懈探索与实践，我们最终创新出了“一点·双线·三形·五环”教学模式，成功地将“乐思行”教学理念深度融入课堂这一主阵地之中。

在这一教学模式中，我们坚持以社会主义核心价值观为出发点，这是我们的核心理念，也是不可动摇的基石。我们深知，思政课是培育社会主义核心价值观最直接、最有效、最有力的载体，因此，我们所有的思政教学改革都紧紧围绕这一核心观点展开，旨在全方位、立体化地落实立德树人的根本任务。

为了实现这一目标，我们采用了“双线”推进的策略。一方面，我们以问题驱动为主线，激发学生的好奇心与求知欲；另一方面，我们以单元教学为纵轴，构建知识的整体框架，让学生在宏观与微观的交织中深化理解。这两条线索相辅相成，共同推动着课堂改革的深入进行。

在“双线”推进的策略下，我们通过创新三种学习模式来进行具体的落实，即审视性案例分析、辩论式合作学习和检视性自我反思。这些模式各具特色，但共同之处在于它们都强调学生的主体性和参与性。通过案例分析、辩论探讨和自我反思等方式，我们引导学生主动获取知识，提升审辩思维能力和综合素质，同时也促进了他们知、情、意、行的全面发展。

“五环”则是指我们精心设计的五个教学环节：质疑、探究、验证、建构、践行。以我在教学道德与法治学科五年级上册《正确对待不同看法》一课时为例，我首先通过出示图片、引出问题等方式激发学生的思考；然后围绕班级篮球赛等实际案例进行分析和讨论；接着通过下棋等案例进一步拓展学生的视野；在此基础上引导学生进行自我调适，并在反思中重构道德认知；最后是践行环节，我通过设计真实的实践体验，让学生换位思考，在笃行中

深化道德情感。

“一点·双线·三形·五环”教学模式是构建“乐学+思辨”课堂的一种基本思路与实施策略，其中“社会主义核心价值观”是核心理念，不可撼动，思政课堂上的任何教学变革都需围绕这一核心观点开展；“双线”是促进思政教学改革的推动器，在大单元教学中，运用问题驱动进行课堂教学变革，是不可或缺的重要环节；“三形”和“五环”则属于“自助餐”式教学流程，我们在落实学科要素的同时，可根据一节课的个性化特征和儿童的身心发展规律及认知水平，具体灵活地选择性实施，模式之中有变式，从而构成了以“一点·双线·三形·五环”为基础的多元教学范式，形成“问题驱动、慎思善辨、包容异见、合作共生、明理笃行”的课堂文化。

（三）进行思政课程整体设计，形成“思辨+践行”综合性实践教学课程群

作为一名思政教师，我深刻体会到思政课的价值性与知识性、建设性与批判性、统一性与多样性、灌输性与启发性相统一的重要性。我与我的教改团队紧密围绕“大思政课”理念对思政课程进行了整体设计与系统实施。在这一过程中，我参与了课程的顶层设计，致力于整合课内与课外、知识与生活、学校与社会等多样态的德育课程资源，构建了一个“思辨+践行”相结合的综合性实践教学课程群。

我们从国家课程出发，积极将教材与生活紧密联系，通过思辨与践行的双线推进，为学生们搭建了一个多维度的学习平台。在这个平台上，学生们通过多样化的思辨形态和拓展课程，不仅拓展了思维的深度与广度，还促进了道德思维的发展和道德建构能力的提升。以五年级上册第四单元《独具特色的古代科学》为例，我们设计了一个围绕中医内容的学习项目。学生们从中医名家故事、寻找身边的中草药、日常保健话中医、中西医大比较四个方面展开研究，他们查阅资料、实地调查、交流讨论，整个过程充满了探究的乐趣。最终，我们还举办了一场以“中西医疗法哪个好”为主题的线上辩论赛。学生们在辩论中展现了出色的思辨能力和语言表达能力，也让我看到了他们

对中国独有的文化传统和科学传统的深刻认同感。

除了思辨课程外，我还以全环境立德树人为基本理念，以思政课程为基础架构，构建了“行动学院”拓展课程。这个课程体系包括学科融合课程、德育实践课程、家校共育课程和基地研学课程等多个方面，旨在通过丰富的课程内容和形式，增强思政教育的针对性和实效性。在学科融合课程中，我亲眼见证了思政课程如何作为德育主阵地，将思政育人元素融入全学科教学中。例如，在语文课上，老师们在教授《开国大典》一文时，深入挖掘了语文学科中的思政教育元素，引导学生们回顾了道德与法治课程中的相关学习内容。这种跨学科的教学方式不仅提高了学生的学习兴趣和积极性，也促进了他们全面客观地认识事物，形成正确的世界观、人生观和价值观。

在基地研学课程中，我们深入贯彻《济南市“双贯通”精品思政课改革建设工程实施方案》，结合市教育局确立的100个实践基地，丰富思政教学形式，加强课内课外联结，实现隐性课程与显性课程相配合，打造行走的思政课，让学生从思政小课堂走向社会大课堂。例如，在教授《习近平新时代中国特色社会主义思想学生读本》中“唯改革才有出路”这一专题时，教师紧扣时代主题，带领学生走进学校实践基地——齐泉家庭博物馆，通过参观崔兆森老先生收藏的一件件生活老物件，使学生直观地感受到改革开放带来的变化。该课例参加2021年省“互联网＋教师专业发展”工程高中思想政治省级工作坊同步在线直播活动，在全省引起强烈反响。在研学基地市现代农业科技园开展的教学课例“我们的衣食之源”荣获市思政课实践教学优秀课例特等奖。

此外，我们还通过德育实践课程、家校共育课程等多种途径，加强了学生的德育教育和实践能力培养。例如，在“厉害了，我的国”德育实践活动中，学生们穿上特色班服，唱爱国歌曲、与国旗合影、打卡城市新地标等，通过亲身参与和体验，增强了他们的爱国情怀和民族自豪感。

二十年的久久为功，是我们基于问题解决视角下的深化改革、实践创新的过程，更是我从一名普通老师成长为分管教学副校长的必由之路。“乐学·思辨·践行”思政课教学体系，构建了“大思政”观视域下的协同育人生态，实现了教师价值引导下的儿童道德自主建构。该项研究还被立项为山东省学校思政课教学改革项目，目前已顺利结题。道德与法治学科的课程设计荣获山东省课程设计优秀案例。

向宽处走：探索育人路径，锻造思政队伍

习近平总书记在学校思想政治理论课教师座谈会上强调指出："办好思政课关键在教师。"这一重要论述不仅凸显了教师在思想政治教育中的核心地位，也为我们明确了思想政治教育的发展方向和目标。作为分管教学工作的副校长，我深刻认识到自己肩负的重大责任和光荣使命。因此，我积极投身探索"思政+"的育人路径，创新育人机制，致力于培养和锻造一支具有高素质和专业能力的思想政治教师队伍。

在实际工作中，我始终围绕"六要"标准，即政治立场要坚定、教育情怀要深厚、思维模式要创新、知识视野要广阔、自我约束要严格、人格魅力要正直，对思想政治教师队伍进行全面的培养和提升，我鼓励教师们深入学习党的理论和路线方针政策，坚定理想信念，增强政治敏锐性和鉴别力。同时，我也注重引导教师们关注社会热点问题，拓宽知识视野，提升创新思维能力和实践操作能力，以"青年教师发展靶向培育"为抓手，积极组织教学研究，开展了一系列有针对性的培养措施。在我们的持续努力和守正创新的过程中，一批优秀青年教师迅速成长起来，宋娜娜老师便是其中的代表。

宋娜娜老师曾经任语文教师兼道德与法治学科教师，虽然教学水平深受师生和家长认可，但是个人专业发展一直缺乏亮点。2016年，宋老师被学校推荐参加山东省学科渗透德育教学评比活动，学校名师培育团、导师团立刻发挥集体智慧，教学研共同体结合她的教学亮点，集中力量助力她突破提升。最终经过层层选拔，她获得了山东省一等奖的好成绩，开启了她华丽转身的新篇章。

从此以后，每一次接到教学任务，教学研共同体就会第一时间组建磨课

团队，针对宋老师即将参赛的课例展开深入研讨。从学校教研到网上联研，办公室的灯一直亮到深夜，QQ 群的头像一直闪烁到黎明。每一节课都凝聚了团队的辛勤汗水，迸发着集体教研的智慧火花。

如今，她作为学校道德与法治学科的专职教师，已经成长为山东省学科骨干。2017 年，宋老师的一师一优课分别获得区优质课、市优质课和省优质课的好成绩；2018 年，宋老师被评为历下区道德与法治教学能手；2019 年，她代表济南市学科骨干赴山东省冠县参加了山东省教科院组织的送教支教活动。宋娜娜老师在强大的团队支持下，行走在乐教乐研的道路上，一步一个脚印，一年一个台阶，行稳致远。2021 年，宋老师被评为山东省首届优秀思政教师。在教学研共同体的有效推动下，宋老师不断实现着教学突破，专业素养快速提升，职业生涯也进入新的境界，同时有效带动了学校教学工作的良性发展。

一次绽放光彩的展示能够鼓舞教师的信心，一位睿智沉稳的导师能够引领教师的成长，一个适切成熟的规划能够照亮教师专业发展之路。在“青年教师发展靶向培育”的实施中，越来越多的教师找到了自我定位，成就了学生成长，更成就了自我发展。他们相信要真正实现自己的教育价值，就要从单纯地埋头苦干走向个性化专业发展的实践和创造；从个人的单打独斗走向团队的协同发展，在专业成长的道路上，不仅能奔跑，还可以舞蹈，真正把教学看成是师生共渡的生命历程、共创的美好体验。在过去的几年里，我带领的思想政治教育团队在教育教学、科研创新和社会服务等方面取得了显著的成绩。我们获得了济南市教育榜样、济南市青年服务先进集体、历下区青年创新突击队等多项荣誉称号，这些荣誉是对我们团队辛勤付出和优异表现的肯定和认可。

行走在追梦未来的道路上，我脚步未停、思考未止。在今后的工作中，我将积极探索思政课程与课程思政同向同行的实践路径，将传统文化的“两创”方针与思政教学进行深度融合，在不断突破中感受着改革创新带来的行动力量，这种力量持久而坚定。

全环境育人视域下

——立体化“大思政”课程实践探索

吴昳娴

人物扫描

吴昳娴，济南市市中区泉欣小学书记兼校长，中学高级教师，济南大学硕士研究生导师，全国名师联盟理事。获得济南市优秀教师、济南市优秀教育工作者、济南市教科研先进个人等荣誉称号。市中区家校社项目组组长，在第二届全国名师工作室大会及光明教育家校长论坛作典型发言。学校全环境育人案例《“泉欣·大家”家校社协同育人共同体》获评济南市全环境立德树人优秀成果。

“培养什么人？怎样培养人？为谁培养人？”始终是教育的根本问题，作为学校的管理者，我始终牢记为党育人、为国育才的初心使命。如何推进大思政课程与学校各项工作的深度融合，扎实有效地推进学校大思政课程一体化实施，不断探索大思政课程实施的新路径，我们一直在革新挖潜，不断前行。

从“碎片化”到“一体实施”的课程思政建设体系探索

习近平总书记对学校思政课建设作出重要指示，强调“新时代新征程上，思政课建设面临新形势新任务，必须有新气象新作为”，这为新时代学校思想政治课建设提供了明确的方向指引。基于此，我们以实际问题为出发点，在课程建设方面持续探索与创新，全面推进大思政一体化建设，推动“大思政课”内涵式发展，努力构建具有学校特色的“大思政”课程体系。

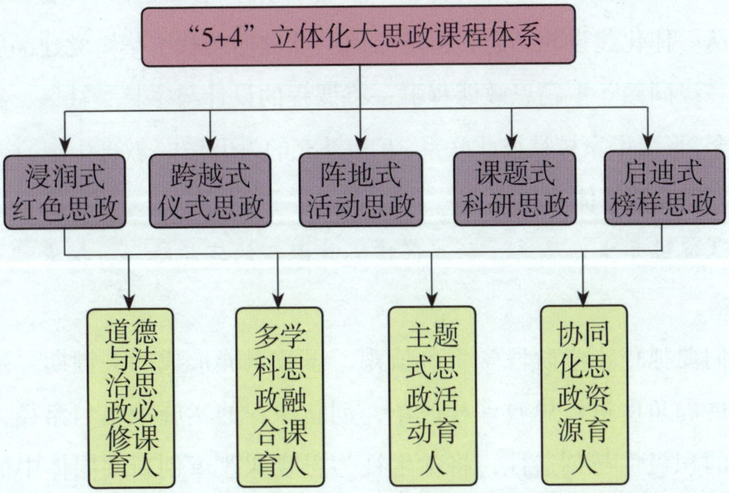

学校依托“泉欣·大家”教育品牌的经验，依据《道德与法治课程标准（2022年版）》建议，加强课程资源的共建共享机制，激发各方参与的积极性，打造受学生欢迎的大思政课程。课程以提升学生的思政素养为核心，充分利

用“校家社”协同育人优势，不断深化对学校“大思政”生态圈结构的研究，探索课程内容和实施路径的新体系。

1. 从时代发展背景看，创新推动思政课程建设，诠释“大思政”理念。

为积极践行党的二十大精神，落实好学校立德树人根本任务，我们选择了一个有力的突破口，积极打造了全环境育人理念下的新型家校社共同体“泉欣·大家”这一教育品牌，打造适合少年儿童成长的育人场域。我们以学生思政素养提升为核心，积极聚合教育合伙人，挖掘、拓宽思政课程资源，运用项目式、课题式研究性学习等形式，创新思政课程实施路径，促进学校“大思政”内涵发展的落实落地。

2. 从学校发展蓝图看，系统构建思政课程体系，丰厚“大思政”内涵。

自 2022 年起，学校全环境育人的典型做法在各级平台得到推广，教育部及其他相关部门多次到学校调研。以此为基础，我们从思政课程内容体系建构的视角探究全环境育人与思政教育的有机融合，推动全环境立德树人教育理念的落实，促进思政课程的创新。立足学校思政课程体系，将课程的设计与党团队一体化建设相结合，打造泉欣“欣欣向荣映丰华”党建品牌架构之下的“三级同频”主题思政课程群；将课程的设计与家长、社区、社会资源做好结合，形成了家校社彼此联系、互相补充的“闭环式”教育生态，构建“5+4”立体化大思政课程体系。

3. 从促进学生发展看，融通搭建思政课程的实施路径，探索“大思政”实施策略。

我们要抓住小学阶段学生价值观、思政素养形成的关键期，站在促进学生发展的角度进行思政课程改革，创新课程的实施策略与路径，充分发挥学生的积极性与创造性，将学生视为思政课改革创新共同体中的一员，使他们在思政课程中进行真正的深度思考与积极探究。围绕“全环境育人”的实施策略，打造课程育人的四条实施路径，研究育人路径的新结构：路径一——必修课；路径二——学科融合；路径三——校内外活动；路径四——协同育人。

学校立体化大思政课程一体化建构，解决了大思政“碎片化”的问题，强化了实施过程中的协同性、创新性，从动态化、立体化和综合化的角度探索思政课程的建设与发展，以此提升学生的思政素养。

从“表面化”到“深入挖潜”的课程思政建设路径探索

作为学校课程的设计者，我深刻地认识到“大思政”是一项系统性工程，因此在“大思政”课程实施的过程中，学校努力打开格局，跳出思政看思政，利用一切可以利用的力量，链接一切可以链接的资源，形成“校家社”合力支持的立体化、生态化思政教育课程体系，充分整合思政教育资源，多层次、多维度、多场域协同推进思政教育的新模式和新样板，拓展思政教育实施路径，真正促进学生成长。

1. 依托党、团队组织，构建“大思政”课程内容的“欣”体系。立足学校思政课程体系，将课程的设计与党团队一体化建设相结合，谱写思政特色合奏曲。

“浸润式”红色思政：学校承担着立德树人的使命，为党育人、为国育才。深刻把握新时代党的教育方针的科学内涵，切实培养德智体美劳全面发展的社会主义建设者和接班人。加强党对团队的领导，积极构建“党团队”同频向党的有序动态发展、红色基因传承的梯队培养机制。例如，聘请山东高校思想政治课教学名师、济南大学马克思主义学院概论部主任李朋忠教授为我校“党团队”建设成长导师，为少先队员多次进行专题讲座，打造“浸润式”党史主题红色思政课。

“跨越式”仪式思政：每个泉欣学生都将历经几个重要的仪式，新生入校的“百日课程”，二年级的“入队课程”，人生第一个整岁的“十岁课程”，六年级的“毕业课程”。这些课程都根据学生的年龄特点，抓住儿童各阶段关键期的教育契机，探索适合学生的教育内容，以趣味性、融合性、差异性、项目化为主要特点，为学生搭建成长关键期的教育桥梁。如，新生的“百日课程”，结合学校“教育即生长”的育人目标及学生的年龄特点制定课程方案，通过“百日仪式”“百日成长”“百日比拼”等形式让学生在学习习惯、生活习惯、交往习惯上逐渐适应小学生活。

“阵地式”活动思政：以丰富多彩的思政活动为阵地，广泛开展“扣好人生第一粒扣子”“童心向党”等系列主题活动；结合“学雷锋纪念日”“清明”“七一”“建军节”等特殊时间节点，有针对性地对学生进行爱国主义教育、文明礼仪教育、理想信念教育和感恩教育，让思政课程真正入心入脑，从而引导学生践行社会主义核心价值观，争做新时代好少年。如，为纪念清明这个有着深远意义的日子，学校每年都开展“跨越时空的致敬”十公里徒步英雄山活动。通过 2 个多小时的徒步，每位参与的老师和学生都深深地领悟到，正是先烈们的坚持和付出，才为我们带来了现在和平美好的生活。让学生在缅怀中唤醒记忆、在表达中传递真情，凝聚起奋斗新时代的强大力量。

“课题式”科研思政：学生升入六年级后，在性格和生理上都有所改变，我们充分尊重学生年龄特点与个性化需求，将每一个学生的发展与大思政课程开发相融合。六年级也是孩子价值观念、行为规范、思维模式养成的关键时期，而课题研究为孩子们提供了一个展现自我的平台。孩子们结合自身的兴趣爱好或对自然现象、社会现象的思考自主选题，课题可以涉及文化现象、社会热点、历史变迁、科学技术与社会等多个主题。通过课题组招募的方式形成学习共同体，基于开放性、真实性问题，像科学家一样提出假设、设计方案、收集数据、形成结论。

“启迪式”榜样思政：榜样是一种力量，是一种引领，更是一种激励。针对少年儿童追星现象，围绕如何引导学生树立榜样，学校充分挖掘“两弹一星”科学家的榜样故事，树立一批批鲜活生动的思政榜样，让学生在感受、学习和模仿中不断提升自身的思想品质和道德境界。通过“启迪式”榜样思政的实施，学校成功营造了一种积极向上、崇德向善的校园氛围，让学生在潜移默化中受到熏陶和感染，不断提升自身的思想道德素质。

2. 链接家校社共同体，实施“大思政”课程路径的“欣”模式。通过四条路径探索与实践，着重体现“大思政”的理念，最终凝练“闭环式”教育生态圈。

路径一：道德与法治思政必修课育人。中小学道德与法治课是国家课程，是思政必修课，是实现思政课程育人的重要实施路径之一。学校在实施这一路径过程中并不是简单地完成教学任务，而是努力打破固定思维，突破“课”的边界，紧紧围绕“大思政”观，让学生在道德与法治课上亲历情境、亲身体验实践过程，以达到育人的目的。如，在消防生命安全教育课堂上，老师通过创设大情境，让学生通过初识消防员、学习正确拨打“119”火警电话、设计制作防火安全标志等系列活动，提高学生安全意识，提升学生自我保护能力。

路径二：多学科思政融合课育人。以融合多学科学习的视野打破学科界限，坚持“思政课程”与“课程思政”同向同行，充分挖掘各学科教材中蕴含的思政内容，探究适切的思政教学方式，以思政课为主导，关联其他学科，有机整合教材内容，形成思政课一体化建设的整体合力。如语文学科与思政融合，优秀的文学作品是时代精神、情感的产物，学生通过阅读文辞优美、思想深刻的文章，从中感受到文学作品中不同人物鲜明的性格特点、价值取向以及理想抱负等。

路径三：主题式思政活动育人。在思政活动实施过程中，努力减少碎片化、随意性的校内外思政教育活动，以主题式活动为载体进行校内外思政教育实践活动的系统设计、循序推进，把思政活动开展得既“有意义”，又“有意思”，注重培养学生的政治认同、道德修养、法治观念、健全人格、责任意识等。如，今年是济南开埠120周年，我校举办了“探寻泉城印记，传承红色精神”系列主题活动，让学生深入了解济南的历史文化，展现新时代济南的城市风貌，感受泉城文化的厚重底蕴，增强学生作为泉城人的自豪感。

路径四：协同化思政资源育人。进一步开发“基地式”思政教育课程资源，促进校社联动、产教融合的多方协同，通过“行走的思政课”研学活动，让学生走进校外爱国主义教育基地、劳动教育基地、科普教育基地等，让思政教育“活”起来，让全员全域化的思政教育实实在在发生在学生身上。如，在参观济南战役纪念馆的研学活动中，沉浸式的教育氛围深深地震撼着每一个孩子的心灵，队员们感受到先烈的英雄气概，更感受到红色革命教育的鼓舞。

从“不健全”到“精细部署”的课程思政建设机制探索

作为学校的书记和校长，我始终基于学生全面发展、终身发展的培养目标，深入探索“全环境立德树人”视角下多方联动的育人机制，体现对“大思政”育人属性的深刻理解，对思政教育变革的有力回应。另一方面，要重视建立学校思政课程评价机制，聚焦学生发展核心素养，坚持思政教育的育人导向，扎实推进思政课程育人目标的有效落地，让思政教育真正承担起“育人”使命。

1.融合多元育人理念，形成“大思政”课程机制的“欣”探索。深入探索“全环境立德树人”视角下多方联动的育人机制，全方位打造适合少年儿童成长的健康生态。

“嵌入式”资源地图：“泉欣·大家”的资源地图是一张立体的资源地图，它以学校为中心，将整个社区的资源整合在一起，按照学生成长需求构建多个资源专题，共120余个资源点。“资源地图”是学校思政课程的延展、学生分享交流的平台、多元发展的补充。解放阁就是资源地图中的一个资源点，同学们走进解放阁，追忆当年那血与火的战场，全面了解济南解放的历史，并铭记那段历史，弘扬民族精神，珍惜今天的幸福生活。资源地图已成为立体多维的互动、交流、分享、激励、智能化的资源系统，是嵌入学生学习生活的“大思政”教育的智慧宝库。

“融入式”教育合伙人：助力学生成长的教育合伙人，不仅有热情的家长朋友，还有我们未来的家长，以及社区、物业人员、社区居民等。在众多教育合伙人中，居民合伙人是最有温度的支撑。年过七旬的退伍老兵袁爷爷是社区中的一位普通居民，他十分关心下一代的成长，主动申请成为孩子们在社区的红色精神宣讲员。中海国际社区的工作人员，非常支持孩子们的各项公益与体验活动。我们联合物业与社区设立了多个红领巾社区公益岗和体验岗，共同见证孩子们的成长。教育合伙人体现了“泉欣·大家”全环境育人共同体的全员性和协同性，是融入学校“大思政”教育探索的不竭动力。

“自治式”自组织：泉欣自组织是家校为了实现共同的教育目标、解决孩子们成长中的共性问题，在校园生活以外搭建的展示自我、帮助他人、同伴引领、传播正能量的平台。通过自组织，将积极向上的价值观融入渗透到学生校内外活动之中，延伸到学生社会实践之中，环环相扣、相互促进，最终实现学生健全人格的形成与培育。如八一建军节到来之际，“探寻红色足迹”自组织的同学们为远在内蒙古的戍边战士们写下了一封封情真意切的书信，表达了自己对戍边战士的感恩之情。泉欣自组织是学生自发参与的，充分体现了自主性，是对“大思政”教育实施的有益补充。

2. 基于“教—学—评一体”理念，形成“大思政”课程评价机制的“欣”研究。《义务教育课程方案（2022年版）》在改进教育评价中提出“教—学—评一体”，探索、尝试和完善学校大思政课程多元评价机制应更注重学生综合素养的全面发展。

多维量表式形成性评价：我们在大思政课程评价中体现全面、动态且持续的评价，不仅仅局限于单一的维度或角度，而是通过多个维度、多个角度以及多种方法来观察和评估学生的学习过程和学习成果。通过这种评价方式，教师能够全面且深入地评估学生在课程实施过程中知识掌握程度、技能运用能力以及情感态度等方面的表现。多维量表式形成性评价不仅关注学生的学业成就，还关注他们的个人发展和综合素质的提升。通过这种评价，教师可以及时发现学生在学习过程中遇到的问题和困难，从而调整教学策略和课程实施方法，确保课程目标的有效实现。此外，多维量表式形成性评价还能够激发学生的学习兴趣和积极性，帮助他们树立自信，培养自主学习的能力，最终达到全面提升学生素质的目的。

多元主体式过程性评价：“大思政”课程作为培养学生社会责任感、实践能力和创新精神的重要载体，其实施过程更需要我们注重评价的多元性和过程性。多元主体式过程性评价强调评价主体的多元化，例如，在“小课题”科研思政实施中就引入了大学教授、课程导师的评价。首先，设计合理的评价任务是关键。这些任务应当能够全面反映学生在课程中的表现，包括他们的知识掌握、技能运用、团队合作和问题解决等方面的能力。其次，搭建便捷的评价平台也非常重要。通过线上或线下的评价系统，可以方便各方评价主体及时、准确地提供反馈信息。最后，建立有效的反馈机制是确保评价效果的重要环节。通过定期的反馈会议、书面报告等方式，可以及时将评价结果和建议传达给学生，帮助他们了解自己的进步和需要改进的地方。

成果分享式终结性评价：成果分享式终结性评价，不仅仅是对学生学习成果的一次简单总结，更是一种深度的反思和提升。通过分享学生的实践成果，展示他们在思政活动中的成长和进步，以此来评估和改进我们的教学方法和策略。在“大思政”课程的实施过程中，不仅仅是为了让学生掌握书本上的知识，更是为了让他们在思想道德、社会责任感、创新精神和实践能力等方面得到全面提升。同时，我们还注重培养学生的批判性思维和解决问题的能力，使他们能够在复杂多变的社会环境中做出明智的判断和决策。因此，成果分享式终结性评价就显得尤为重要。它能够让我们更加清晰地看到学生的实践成果，更加准确地评估他们的学习效果，从而为下一步的课程实施提供有力的参考。

让小学生爱上思政课的神奇情境密码

田雪飞

人物扫描

田雪飞，济南市天桥区锦绣明湖小学道德与法治学科教师。荣获山东省小学德育先进工作者、济南市优秀教师、天桥区教学能手、济南市优质课一等奖等荣誉。撰写的论文、案例多次荣获省市一等奖，并在国家级刊物上发表。

24年前，因承担学校大队辅导员工作，我从小学语文教学岗位调整至思政教学岗位。初涉思政领域，我满心茫然，不知该如何开展教学，只能借鉴语文教学理念，可效果并不理想。这次经历让我深刻认识到，每个学科都有其独特性，思政教育应有专属的教学路径。

于是，我踏上了让思政课受孩子们喜爱的探寻之旅。我努力创设神奇情境，积极寻觅其中的密码，努力把知识编织成五彩斑斓的故事，将道理幻化成璀璨闪耀的星光，让思政课成为孩子们成长路上明亮的灯塔。

神奇情境密码一：家国情怀情境，点燃思政教育之光

在思政课中开展家国情怀教育不能是枯燥的说教，而应像春雨一样滋润心田。创设生动的家国情怀情境就是那春雨，能让家国情怀在学生心中扎根、开花。精心构建情境，如同编织一张细腻的情感之网，将知识、情感与价值观巧妙融合，潜移默化地熏陶学生。

在“我自豪，我是中国人”一课里，“祖国美景巡游”情境是打开学生情感世界的钥匙。课程一开始，我将一幅幅祖国壮美河山的图片呈现在学生面前，雄伟高耸的泰山、奔腾咆哮的黄河、如诗如画的桂林山水……孩子们仿佛化身为旅人，眼中满是惊叹与热爱，内心对祖国山河的热爱之情被唤起，自豪感油然而生，为家国情怀的培育筑牢了情感基石。

创设“中华古代文明历史博物馆”情境，如同带领学生坐上时光穿梭机，领略祖国的文化瑰宝。在“思想文化”展厅，猜名言活动趣味十足，孔子等古代思想家的主张在探讨中逐渐明晰，《诗经》《楚辞》等作品闪耀着智慧之光，孩子们领悟到传承中华优秀传统文化的使命。“伟大工程”展厅中，长城、故宫、都江堰展现古人的智慧，它们是民族骄傲、文明瑰宝，孩子们明白了民族复兴需传承古人智慧。“科技成果”展厅里，“四大发明连一连”活动热闹非凡，造纸术、火药、印刷术、指南针的历史意义在视频引导下深入学生内心，彰显了中华民族的卓越智慧和创新精神。

踏入“爱国精神”展厅，民族英雄的事迹如壮丽画卷徐徐展开。郑成功收复台湾、戚继光抗击倭寇，他们捍卫国家主权和领土完整，体现了伟大的爱国精神。课堂上我引导学生思考英雄的特质，与他们分享心目中的英雄，如岳飞、林则徐等，再通过补充张骞出使西域及“一带一路”等资料，让学生明白传承爱国精神是责任。

通过家国情怀情境创设，孩子们认识到了中华民族灿烂文明是先辈智慧与勇气的结晶。他们从四大发明中汲取创新精神，从英雄壮举中传承爱国情怀和民族气节。在思政课堂上，这些引导让学生深刻认识到了民族历史与精神传承。培养家国情怀，就是让学生以先辈为榜样，肩负民族复兴重任。

在这样的情境教学中，学生如花朵在阳光雨露下成长，不仅学到了知识，更培养了对祖国的热爱和责任感。我坚守情境育人理念，用情境滋润孩子们的心灵，让他们在思政课堂这片土壤上绽放光彩，成为民族复兴征程的栋梁之材。

神奇情境密码二：生活拓展情境，引导学生扩展公共空间

在思政教育的课堂上，生活拓展情境构建也是神奇的密码。这些“生活拓展情境”就像生活长河中的朵朵浪花，是日常社会生活的拓展。我依据教学内容和学生实际构建它们，将其与学生真实生活相连，像架起一座桥梁，帮助学生解决生活中遇到的难题，引导他们从身边小生活迈向广阔的社会生活，催生公共参与意识萌芽。

《道德与法治》教材以学生生活需求为出发点，拓展学生生活空间。作为教师，我积极挖掘孩子们的兴趣、经验以及新发现，把这些变成教学资源。在课堂上，我构建生活拓展情境，带着孩子们走进更广阔的天地。在这个公共生活空间的大舞台上，让他们去认识和理解公共生活的内涵，培养他们的公共意识，提高公共参与的能力与素养。

以三年级下册教材为例，第二单元“我在这里长大”和第三单元“我们

的公共生活”就像两颗引路明星，分别指向社区生活空间和社会公共空间。设计课堂活动时，我积极构建生活拓展情境。这些情境像拼图碎片，拼接后能帮学生勾勒公共空间感，让公共参与意识在他们心中逐渐清晰。

在“我在这里长大”单元教学中，我引导学生回忆社区点滴。比如社区的老槐树，它是夏日乘凉佳处，也是邻里情感交流的温馨角落。通过讲述老槐树见证的故事，如孩子们树下嬉戏、老人围坐谈天，构建充满温情的社区生活拓展情境。让学生明白社区是大家庭，每人都在为其做贡献，增强了学生的归属感和认同感。

在“我们的公共生活”单元教学中，我引入公共交通场景，如乘坐公交车。既描述老人上车后年轻人让座的温暖画面，也提及大声喧哗、抢占座位等不文明现象。通过对比鲜明的生活拓展情境，引导学生思考公共生活行为准则和道德规范，使其明白公共生活中个人行为会影响他人。这样的思考讨论能提高学生的公共参与意识，让他们在类似场景中做出正确选择。

通过精心构建这些生活拓展情境，我为学生点亮了通往公共生活空间的明灯。这些情境如涓涓细流汇聚成河，让学生在潜移默化中形成公共空间感，提升公共参与意识和能力，使他们成为积极参与公共生活、为社会发展贡献力量的有责任感的公民，也为思政教育注入持续动力。

神奇情境密码三：角色体验情境，体验真实公共生活

在道德与法治教育领域，角色体验情境是神奇情境密码，开启学生通往真实公共生活体验之门，拉近他们与社会道德、法律的距离。生动的角色体验能激发学生在课堂上主动参与的热情，点燃孩子们求知探索的火焰，培养他们探究和解决问题的能力。贴近学生生活的角色体验情境能触动心灵，引发感悟，让他们沉浸于学习之中。

以“爱心的传递者”一课为例，课上我不仅引入生活情境，还让学生模拟角色。“盲人走路”体验活动令人难忘，两名学生一组共同参与，一名学

生蒙住眼睛扮演“盲人”，依靠不能发出声音的同伴牵手绕过障碍物走向终点，其余学生观察。活动后，“盲人”学生分享从漆黑时的茫然害怕到被指引时的高兴轻松。这些真实的感受唤醒了孩子们被关爱的记忆，开启了他们内心的情感宝藏，为后续教学奠定了情感的基石。

他人的关爱行动像明灯，照亮学生提升道德认知之路。学生体验“被帮助很温暖”后，我拓展教学内容，展示护学岗执勤人员、小饭桌工作人员、保洁阿姨忙碌的情境图片和视频。这些画面像镜子，让学生在观察交流中看到平凡生活中的爱心，感受关爱的美好，激起关爱他人的愿望。但教学不止于此，我将学生的视野拓展到更广阔的社会层面，连接日常与社会生活，抓住社会热点，剖析社会事件与儿童生活的联系，挖掘更有价值的教学资源。如医务工作者和志愿者逆向而行捍卫国家和人民利益这一震撼心灵的事例，我带领学生体会他们大爱无疆的精神境界，建立正确的道德认知。当学生充分感受到来自家庭、学校和社会的关爱时，内心就会萌生出主动关爱他人的愿望。在此基础上，我引导学生讨论制订爱心行动计划，从“小小志愿者”到“图书义卖”，从“捐赠衣物”到“一对一帮扶”等，让爱心从思想转化为行动，让学生成为爱心传递者，在实践中践行道德与法治的真谛，培养公共参与意识和社会责任感，为他们将来融入社会、贡献社会奠定思想基础。

这种角色体验情境的教学方式深刻体现教育与生活紧密结合的理念，让学生在体验中学习、在感受中成长，将道德与法治教育理念植入心灵，使他们成为有道德、有担当、有公共意识的社会成员。

神奇情境密码四：思辨分析情境，提升公共参与能力

在道德与法治课堂教学中，思辨分析情境是神奇情境密码，它能让学生将公共参与意识内化于心。作为教师，我激发学生辨别分析教材中公共参与知识点的积极性，像点亮思维灯塔，引导他们在知识海洋中探索。

布鲁姆对情感领域教学目标和价值内化程度的研究给了我启示，情感和

价值观学习内化是循序渐进、层次分明的过程，首要环节是吸引学生注意力，让知识和观念被接受，才可能向更高层次转化，就像种子需埋入适宜的土壤才能生根发芽。

在道德与法治教育中，真实的生活情境是最肥沃的“土壤”。基于生活的思辨分析和情境创设对学生认知的提升、价值认同的升华和公共参与素养的促进有不可替代的作用。

生活是复杂多元的大舞台，充满利益交织和观念碰撞。将这些元素融入思政课堂思辨分析情境，就为学生打开了观察社会、思考人生的窗户。例如，探讨公共资源分配问题，创设社区健身器材使用的情境，不同年龄段居民使用需求和时间存在矛盾，年轻人想要下班后使用，而老年人习惯早晨和傍晚使用。学生分析时会代入不同角色，用所学的公共参与知识思考。

这种思辨分析情境能够激发学生的主动性，使他们不再被动地接受知识，而是积极地剖析问题。讨论中，学生发现仅从单一群体利益出发无法实现公平，需综合考虑各方需求和实际情况，这是对公共参与中“公平”“公正”价值观的深入理解和实践，让他们明白公共参与要尊重他人权利和利益，追求共同利益最大化。

同时，通过创设思辨分析情境，学生对教材中公共参与的知识点理解得更加深刻，知识不再是孤立的条文，而是生活行动的指南。如讨论环境保护公共参与问题时引入济南河流曾经被污染的相关案例，一些居民希望政府进行治理，一些居民认为自身要减少污染，学生分析时会联想到公民责任、政府职能和公共利益等内容，将知识融会贯通。

思辨分析情境中，学生价值认同升华，从关注个人利益拓展到重视公共利益，在深入思考如何维护公平、正义、促进公共利益时，对道德和法治价值内涵有了更深层次的理解，内化为行为准则和价值判断的依据。

思辨分析情境是道德与法治课堂提升学生公共参与能力的重要方法。基于生活真实情境，遵循情感和价值观内化规律，引导学生思考辨析，可以提升认知、升华价值认同，让公共参与意识成为学生思想和行动的一部分，为未来参与社会公共事务打下基础。

在思政教育的漫漫征程中，我怀揣着对孩子们成长的殷切期待，运用这一个个神奇情境密码。这些情境如同璀璨星辰，照亮孩子们前行的道路，融入他们成长的每一个瞬间。孩子们在充满家国情怀的情境中，点燃内心对祖国的热爱之火，传承民族精神之炬；在生活拓展情境里，孩子们如勇敢的航海者，从熟悉的港湾驶向广阔社会生活的海洋；在角色体验情境下，孩子们化身为生活的参与者，感受关爱的温度，将道德与责任铭刻于心；在思辨分析情境中，孩子们又像智慧的探索者，透过复杂现象洞察本质，锻炼理性思维，提升公共参与能力。

每一个孩子都是一颗充满希望的种子，思政教育就是滋养他们茁壮成长的阳光雨露。我期待着这些种子在中华民族伟大复兴的沃土里，生根发芽，长成参天大树，以蓬勃的生机与力量，为祖国的繁荣昌盛撑起一片广袤而繁茂的绿荫，为构建更美好的社会贡献自己的智慧与热情，让思政教育的光辉永远闪耀在他们生命的旅程中。

讲好中国故事　培根铸魂育新人

王　莹

人物扫描

王莹，山东省实验小学道德与法治教师，齐鲁名师建设工程（2022—2025）人选。荣获山东省优秀教师、山东学校优秀思政课教师、山东省优秀辅导员、山东省教育厅优秀共产党员等荣誉。主持、参加国家级、省级课题近10项，19篇论文在国家级、省市级刊物上发表。

育人的根本在于立德。青少年阶段是人生“拔节孕穗期”，要扣好人生第一粒扣子，尤其需要精心引导和培育。习近平总书记在学校思想政治理论课教师座谈会上强调指出：“会讲故事、讲好故事十分重要，思政课就要讲好中华民族的故事、中国共产党的故事、中华人民共和国的故事、中国特色社会主义的故事、改革开放的故事，特别是要讲好新时代的故事。讲故事，不仅老师讲，而且要组织学生自己讲。”

山东省实验小学是一所有着一百二十多年悠久历史的学校。建党之初，中共一大代表王尽美同志曾在学校以教师身份作掩护，开展党的地下工作。著名学者季羡林先生年少时曾在学校读书……革命火种、红色基因是学校宝贵的精神财富和光荣历史。遵循习近平总书记关于加强思政课建设的重要论述，依托学校自身的红色资源，我和思政团队老师聚焦“讲好中国故事”这一小学生喜闻乐见的形式精准滴灌。通过一系列有温度、有力度、有深度的中国故事，将思政小课堂与社会大课堂结合在一起，培根铸魂、启智润心，用红色基因铸就学生鲜亮的人生。

讲好校史故事，红色精神润童心

历史是最好的教科书。修史立典，存史启智，以文化人，这是中华民族延续几千年的传统。我们依托学校红色资源和历史积淀，探索形成“校史传薪”课程。该课程从探秘校史、寻访校友、献礼学校三个层面开发，打造成为涵盖 13 个主题的系列课程。

探秘校史系列课程，引导学生在“校名变更”“校址变迁”“校长变换”“校园变化”“校情变革”不同主题的探究中感悟百廿实小的沧桑巨变。学生们了解到 1985 年学校部分少先队员参加了全国少工委“创造杯”活动并荣获金奖。他们邀请当时带领师生参赛的退休教师安慧祥老师来到课堂，讲述活动过程。安老师拿出一本相册、一摞摞资料给队员们细致讲解。一个个小小的细节、一段段真实的故事，为学生们打开一扇窗，让他们感受到不同时代实小学生积极向上的成长经历，感受到不同时代同龄人心中的责任与使命。

寻访校友系列课程，引导学生通过查阅资料、阅读书籍、寻访探秘、成果交流等方式了解王尽美老师的英雄事迹，感悟共产党人对革命事业的忠贞与信仰；了解季羡林学长的品格学识，感受大师做人、做事、做学问的智慧与精神……五位坐标式实小人物和一代代实小人的奋斗故事成为最生动的教育资源，引导学生在探寻中找到自己前行的灯塔。

献礼学校系列课程则引导学生通过“我为学校代言”“主题活动策划”“文创产品设计”等不同形式呈现自己作为新时代实小人的定位和担当。学生们用明信片、画册等系列文创产品，用自己喜欢的形式呈现出心中王尽美老师的形象。学生们创建“尽美先锋园”，给来学校参观的领导、老师讲解王尽美老师的故事，每一次分享都是心灵的感悟，每一次历练都是精神的洗礼。每年一年级新生入校，都会在高年级哥哥、姐姐的带领下聆听王尽美老师的故事，播下属于实小学生的“红色种子”。我和学生们创建“先锋事迹宣讲团”，以不同形式宣讲王尽美老师的故事，感悟共产党人对革命事业的忠贞与信仰。2022年六一，宣讲团的师生代表山东省参加全国少工委开展的线上主题活动，讲述王尽美老师的故事并分享自己的成长收获，得到时任团中央书记处第一书记、全国少工委主任贺军科同志的赞扬与鼓励。在老师的指导下，原创歌曲《百年校园花正红》在校园传唱，原创话剧《寻踪迹知初心》在省市区展演二十余场，一代代实小学生在这种精神的激励下，展现出勇于担当、积极作为的精神风貌。

一个故事胜过一打道理。校史课程，从学生生活的校园故事讲起，以生活事件为原材料，引导学生从“根”的层面挖掘校史，发现变化，寻找文化基因，承继精神血脉。师生在研究、梳理、呈现校史的过程中萃取其精华，感受百廿校史有温度、有深度、有持久度的教育，感悟其洗礼、省行与展望的精神内核。“用身边的故事讲好儿童化政治”是学校小切口呈现的“大课堂”，成为红色基因教育的关键点。学生们在聆听故事、讲述故事的过程中感受党的关怀下百廿实小的发展，感受校园的精神力量，以实小为荣，播下一颗热爱学校、爱党爱国的种子。

讲好泉城故事，对话时代担使命

在党的领导下，祖国取得的建设成就和改革新变化，始终是学校道德与法治课程铸魂育人的重要内容。我和团队教师将身边家乡的发展作为宝贵的课程资源，紧贴时代要求、反映时代特征、扎根学生生活，从思政小课堂到社会大课堂，引导学生在聚焦家乡泉城发展的“对话”中感受时代特征，“乡情泉城味儿”“时代泉城范儿”“诚信泉城人儿”三个主题的对话，让学生看到力量、相信力量、成为力量。

对话系列课程，让学生从身边的景儿和物中感受家乡的“泉城味儿”。泉城因“水”而闻名，因“水”而富有神韵，泉水将济南这座城市滋养得有声有色、有滋有味。泉城的孩子从小便与这泉、这水结下了不解之缘。五一前后，学生们以小组的形式走出家门，走进名泉，开启“对话历下名泉”系列活动。110多处历下泉池，被来自不同班级的学生们认领，一份份期盼与探究在这里启航。趵突泉边、五龙潭畔、老街古巷、山林树下，映衬着学生们一张张寻泉的画面和一段段温馨的故事。细读学生们记录的文字，他们真实的感受打动着每位阅读者。“早就知道爷爷每隔几天会来泉边打水。今天同去，感受到打水时爷爷、奶奶们像孩子一样灿烂的笑容。”陪爷爷打水，听爷爷讲小时候的故事，真切地感受到每个济南人对家乡的热爱之情早已化作一份自然的生活。“这是我和小伙伴第二次来寻泉了，真正见到它时就像见到老朋友般亲切。张爷爷说因为市政的海绵工程，这泉才开始有了新的生命。我和小伙伴真心为环保理念的时代工程点赞。”主动阅读材料、宣传爱护环境，孩子们用自己的实际行动在生活点滴中践行节水保泉，这份源自内心的思考与行动，是新时代实小学子成长最美的声音。这份责任与担当由心而生发，因情而深入，形成新时代学生的情怀和精神。

对话系列课程，让学生从各行各业翻天覆地的变化中了解家乡的“泉城范儿”。学生们来到高科技企业——浪潮集团高端容错计算机生产基地参观学习。高端服务器、大数据、政务云……追随着习爷爷的步伐，学生们感受着科技的力量，感动于科技工作者的坚守与创新，感悟新时代“工匠精神”的含义，在心中萌发爱科学、学科学、用科学的信念。学生们徒步新时代愚公路，走进南部山区的金刚纂村，聆听马广业书记带领村民十年开山修路发家致富的故事，在村党支部、农家小院、田间地头感受全国文明村的风采……一次次对话，把时事引入课堂，让学生在生活中切实感受到家乡的发展变化，知党情、感党恩，增强学生的使命感，扣好人生第一粒扣子。

对话系列课程，让学生从身边的人和事儿了解“诚信泉城人儿”。学生对话学校思政专家库薛军叔叔。薛军叔叔是全国劳模，火车司机，手握 7 本驾照，驾驶过 23 个型号的机车，安全行车 18000 余趟，近 340 万公里，相当于绕地球 85 圈。薛军叔叔是学生们身边的大朋友，更是他们心中的时代先锋。跟着薛军叔叔，学生们了解了从蒸汽机车到“复兴号”中国铁路的六次大提速，见证着中国铁路的发展，知道了什么是中国速度。当孩子们听到薛军叔叔的儿子在小时候不喜欢爸爸的时候很诧异，但当他们知道那是因为有太多的春节和其它节假日，薛军叔叔为了让更多亲人团聚，始终开着火车行走在祖国的大江南北时，学生们深切感受到平凡岗位上每位共产党员真实奋斗的模样和每个家庭的默默奉献，切实感受着中国速度背后的精神和力量。对话中学生们还知道薛军叔叔不会开汽车，原来是因为开火车严谨精准的操作让太多动作和反应已经形成肌肉记忆，很难改变。并且薛军叔叔也怕学开汽车的各种改变让自己的工作专业化水平受影响，所以就放弃了学开汽车。学生们对话航天员赵传东伯伯，一颗从未按下的红色按钮，呈现出航天员团队每个人坚守初心、追梦苍穹的不懈努力。一件件小事呈现出他们工作的态度，一次次对话引发学生深刻的思考与感悟。

从“小课堂”到“大课堂”，学生“经历”了中华民族从站起来、富起来到强起来的伟大飞跃，“见证”了脱贫攻坚丰硕成果的来之不易，感受到奋斗者的心血和汗水，更体会到党中央的坚强领导。综合性、体系化的课堂，学生们聆听科学家、奋斗者们“一生一事一精神”的时代故事，了解党和国家重大实践和理论创新成果，感受不同时期中国共产党人艰苦奋斗、牺牲奉献、开拓进取的伟大品格和革命者的大无畏奋斗精神。学校聘请优秀的党员、模范，逐步形成思政专家库。专家型“大先生”成为学生心中最闪亮的精神坐标。从认识“时代微故事”走向规划“自我人生的时代叙事”，学生们在经历中将个人理想和国家命运紧密相连，立鸿鹄志，做奋斗者。

讲好文化故事，优秀传统强信念

中华优秀传统文化是中华民族在历史发展进程中不断积累沉淀下来的精华，是中华民族的根和魂，它蕴含着中华民族自强不息、奋斗不止的精神追求，代表着中华民族独特的精神标识，也是实现中华民族伟大复兴的精神力量。

我们的道德与法治课就注重挖掘学生感兴趣的中华优秀传统文化故事，引导学生在了解、体验、对话中领略中华优秀传统文化的无限魅力，增强民族自尊心、自信心和自豪感。我们以月为单位推出“我是传统文化代言人”系列活动，让学生结合生活和学习，不断发现自己感兴趣的中华优秀传统文化内容，进而深入探究，全力呈现，在讲好故事的过程中逐步感悟中华优秀传统文化“讲仁爱、重民本、守诚信、崇正义、尚和合、求大同”的时代价值，坚定文化自信。

学习“多姿多彩的民间艺术”一课时，五年级学生对高跷产生了浓厚的兴趣。当他们知道高跷起源于北魏时期，在民间还有着踩高跷同贪官污吏作斗争的传说时异常兴奋，要一探高跷文化的究竟。教师以此为切入点，联系到非遗传承人王超叔叔。学生们走进王超叔叔的艺术工作室，不但围坐在叔叔身边听他讲高跷文化的前世今生，还纷纷裹上绑腿尝试一把，感受高跷人的别样情怀。在交流中学生们了解到，每一个高跷人都经历了从不断摔倒到每天对每一个动作进行成百上千次的重复练习，再到最终精彩呈现艺术效果的艰辛历程；了解到队员 65 岁的杨爷爷近五十年来对高跷的热爱与坚守；了解到平凡高跷人背后不同的成长故事……有学生好奇地问：“这么枯燥、劳累甚至伤痛，为什么你们还在练习？”“为的是传承高跷这一非遗项目，必须有担当。”王超叔叔的回答不但解开了学生的疑问，还展现出平凡艺人的爱国情怀和执着精神。掷地有声的寥寥数语，让学生们记住了爱国就是这样日复一日地坚守和付出，感悟了爱国是信念更是行动。每逢春节，王超叔叔都坚持自费带领整个团队一场又一场地进行表演，给成千上万的人们送去艺术的享受。学生们眼神中充满对叔叔深深的敬意，爱国的信念、坚定的意志、顽强的勇气、团队的力量油然而生。这样真诚的交流、切实的体验，让高跷及高跷人的精神深深扎根在学生们心中。

采访归来，学生们作了进一步调研，发现各年级的同学们并不太了解高跷这一传统文化。被忽视恰恰说明需要弘扬与传承它的价值。于是在老师的指导下，学生们将学到的高跷知识做成手抄报和 PPT 自发宣讲、展示给身边的同学；利用网站、微信朋友圈及时发布高跷表演的地点和时间，倡议更多同学亲自看看高跷表演；自发将采访收获编成小剧本，原创的篇章将他们所有的感悟与思考留存下来，使他们对中华优秀传统文化的认识一次次升华。这个二月，五年级学生们为高跷代言，在行动中成为高跷文化的守护者、继承者和弘扬者。

“我是传统文化代言人”系列活动在各班展开，中华福文化、二十四节气、泉城兔子王……学生们在讲好文化故事的同时，成为中华优秀传统文化的传承者和弘扬者，以时代精神为中华优秀传统文化注入蓬勃生命力。中华民族有五千多年的文明历史，孕育了灿烂的中华文明。阐述中华民族讲仁爱、重民本、守诚信、崇正义、尚和合、求大同的精神特质以及在长期实践中形成的世界观、人生观、价值观、社会观、道德观，能够全面立体地呈现中国故事的建构逻辑和内在精神。开学典礼、升旗仪式、各种宣传栏里都呈现出不同年级学生的思考与行动。一段段感悟、一本本手册，诉说着学生的成长与收获、自豪与骄傲。稚嫩的语言和坚定的神态，优秀的文明与深厚的底蕴，构成薪火相传、生生不息的文化脉络。讲好文化故事，以时代精神激活中华优秀传统文化的生命力，从中华优秀传统文化中汲取真正的智慧与力量。讲好文化故事，是增进学生对党、对国家认同感和信念感的最佳方式。这样的“大平台”，让思政课点燃学生爱学校、爱家乡、爱祖国的热情。

道德与法治课程是培根铸魂的课程，培根就是打好中国底色，铸魂就是植入红色基因。小故事展示大道理，我和思政团队的老师们在主题教研、课题研究中进一步探索“讲好中国故事”的学校特色化发展之路。从学生的认知现状出发，进行课堂内容的深度讲解，积极开发时事中的思政教育元素，据此设计和实施适合学生核心素养发展要求的时事教育活动，将理论讲生动、讲透彻，提升学生的思想境界和认识高度，做到真正地进耳、入脑、印心。思政小课堂与社会大课堂相互融合，教学特色推进，让团队教师和学生共同成长。路漫漫其修远兮，在道德与法治教育之路上，我将继续坚定信仰，讲好中国故事，培根铸魂育新人。

永葆教育“四颗心”　做学生的提灯人

石艳娜

人物扫描

石艳娜，专职思政课教师，现任济南工程职业技术学院马克思主义学院概论教研室主任，被评为山东省学校优秀思政课教师。荣获全国职业院校技能大赛教学能力比赛二等奖、山东省职业院校教学能力大赛一等奖、第三届全省学校思想政治理论课教学比赛“思想道德与法治”高职高专组一等奖、山东省第九届高校青年教师教学比赛三等奖等荣誉。

教育是一场师生共同参与的旅程，是教学相长，也是彼此成就。作为一名思政课教师，要永葆教育“四颗心”，用我的心灵点亮学生的心灵，做学生成长道路上温暖的提灯人。

一颗初心，积极躬身践行助力成长

六年前，我幸运地进入了济南工程职业技术学院，成为一名“小萌新”，六年后，我已成长为马克思主义学院的骨干教师。这六年的成长历程，是我人生中最宝贵的时光，它见证了我的成长，也记录了我与学生们共同走过的点点滴滴。

作为一名思政课教师，站稳讲台是必修课。为了讲好自己的开学第一课，我在整个暑假期间阅读了即将授课的整本教材以及相关的辅助材料，认真做好备课工作，我以为我已经做好了充分的准备，然而初上讲台的我，依然败下阵来。我不敢与学生对视，语速越讲越快，还缺乏互动，原本准备了四节课的内容，两节课就给讲完了。下课后，我很沮丧，不知道怎样才能改变我现在的状态。此时，我的教研室主任吕小燕老师告诉我，新入职教师在上课的时候大多都会出现像我一样的问题，我应该扎实打好学科基础，树立起自信心，多讲几次就好了。除此之外，我的学生也给了我莫大的鼓励，建筑工程技术专业的于同学给我发了私信：“石老师，您讲得很好，也很有亲和力，继续加油啊。”这些鼓励让我下定决心，我一定要上好思政课。

学生给予我的鼓励一直伴随着我，直到有一天，我也将这份鼓励给予了学生们。前不久，第九届山东省“学宪法讲宪法”活动落下帷幕，国防班的周明正同学获得了法治素养竞赛赛道二等奖。在收获喜悦的同时，我们也回忆了整个备赛过程。对于一名非法律专业的学生来讲，法治素养竞赛是非常有难度的。我们面临着时间紧、任务重的难题。因此，除了系统地梳理宪法知识外，我们还采用了“题海”战术，通过做题尽可能地涉及更多的宪法知识。终于来到了比赛这天，我能看出他很紧张，我没有再给他讲更多知识层面的内容，而是鼓励他要卸下包袱，勇于挑战自我。此刻，我仿佛再次看到了初登讲台的自己，不管是我还是学生，我们相互鼓励，同时，我们都在自己的人生轨迹中收获了成长。

一颗真心，专注授业解惑为生传道

韩愈在《师说》一文中曾提到："师者，所以传道受业解惑也。"入职以来，我一直勤勤恳恳坚守教学一线，用自己对于教育事业的热爱引导和帮助青年学生扣好人生的第一粒扣子。得益于学院提出的"三早三快"的教学要求，刚刚成为一名思政课教师的我，快速地找到了教师的角色定位。

首先，进入教室早，掌握学情快。不管寒冬腊月，还是刮风下雨，我总是会提前十分钟进入教室，在准备好上课用的多媒体设备后，我会走下讲台利用课前的时间与学生聊聊天。对于学生来讲，思政课理论性强，有的概念听不懂，在学习的过程中面临着不小的困难，这往往会造成思政课枯燥乏味的刻板印象，因而导致思政课堂教学效果差。此时，深入分析学情就显得尤为重要。通过与学生聊天，我能精准捕捉学生的感受与困惑，在课堂上以问题为导向，带领学生抽丝剥茧破解教学重难点，思政课堂的点击率、点头率、点赞率都能得到提升，激发了学生的学习兴趣。

其次，政策学习早、内容融入快。思政课是以理服人的课程，理论上不彻底、不更新就难以服人。因此，我时时学、处处学，做到理论创新每前进一步，理论武装就要跟进一步，不断将党的最新理论成果融入思政课的教学中，让学生在理论中汲取力量，并将理论转化为生动的社会实践。

最后，教学准备早、效果显现快。我深知，要让思政课焕发出新的生命力，就必须在课前作好充分的准备，不断创新教学形式与内容。此时，学院建立起以"研课会＋磨课会＋备课会"为主要内容的"一线三会"新模式，以此为契机，我打开了思政课教学的另一番天地。在研课会中，我以课程建设为抓手，注重与学生专业相结合，针对课堂教学集思广益，同时参与编制了《课堂实施手册》来指导课堂教学，大大提升了思政课的教学实效。在磨课会中，作为青年骨干教师，我起到了“传帮带”的作用，通过与新教师一起对一堂课不断地进行打磨，帮助“萌新”教师快速成长。当然，我也在磨课过程中吸收了新颖的课堂创意，进一步提升了自己的教学水平。在备课会中，我们教研室在我的组织下，每周三下午进行集体备课，大家分专题群策群力、同课异构，丰富了思政课的教学内容，将思政课变成生动的、有吸引力的课。随着“一线三会”模式的不断实践，思政课的课堂活跃度有了很大的提高。经济管理学院大二的刘同学对我说：“最近，我越来越爱听老师讲的思政课了！它不仅生动有趣，而且有实实在在的干货。”

一颗匠心，拓展育人阵地为国育才

在自己从教的这段时间里，我逐渐发现思政课的魅力不仅仅是教师在课堂上的妙语连珠，我们应该将教学空间延伸至更加广阔的社会领域，在基层社区、在工厂车间，甚至是在田间地头。当然我们也要注意到，实践教学绝不是热热闹闹地走马观花，而是要让学生们通过志愿服务、社会调查、理论宣讲等多样化的参与形式，不断增长才干，厚植理想信念。那么怎样才能组织好一次实践教学呢？我思索良久，除了请教有经验的老教师之外，学院立项的一项省级教改课题给了我极大的启发。于是我从目标、内容、方法、资源和评价五个方面制订了自己的实践教学计划，以期通过这种立体化、全方位的方式帮助学生与实践教学形成良好的互动，最终走向知行结合的彼岸。

接下来，我将通过一个教学实例讲一讲我的实践教学是如何开展的。萌生实践教学的想法是源于一次并不成功的理论授课，当时在讲供给侧结构性改革这个知识点，讲到最后，学生们还是有很多的疑问。课后，我自己默默思考：怎样才能让学生充分理解国家的经济政策呢？于是我想到，既然课本上的知识不够鲜活，那就开启一场实践教学吧。为了更加贴合学生建设工程管理专业的学习实际，我选择了泰钢集团作为我们此次实践教学的目的地，我希望从他们最熟悉的建筑工程材料入手，来看一看一个钢铁企业发展过程中的“前世今生”。

实践教学的第一步是确立好教学目标。针对此次实践教学，我从知识、能力、素质三个维度给学生们设定了教学目标。在知识目标层面，通过前期的理论学习，学生们基本能够了解什么是供给侧结构性改革，为什么要进行供给侧结构性改革以及怎样进行供给侧结构性改革等问题；在能力目标层面，学生们要通过此次实践教学，培养自己分析问题和解决问题的能力；在素质目标方面，学生们要感悟老一辈工人身上具有的艰苦奋斗精神，并在新时代接续弘扬，为实现中国梦注入自己的青春能量。

确定好教学目标之后，我精心设计了此次实践教学的内容。为了让学生们沉浸式地感受一个企业的转型发展，我以泰钢集团的发展轨迹为主线设置了课程导入、教师讲解、小组研学、导师指导四个环节。首先，我介绍了企业转型的背景。作为一家传统的钢铁企业，在之前的发展过程中存在高污染、高消耗、低盈利的问题，这与国家提出的新发展理念背道而驰，于是泰钢集团开始探索企业振兴的出路，开启了供给侧结构性改革的道路。接下来，我帮助学生重新梳理了课堂上学习过的理论知识。随后，我请同学们分小组在展厅里找一找泰钢集团进行供给侧结构性改革的举措，同学们表现得非常积极。四个小组分别从淘汰落后产能、引进先进技术、进行不锈钢精加工以及发展多元化产业四个方面还原了企业转型升级的过程。在这个过程中，我发现了学生的主动性以及对知识的渴望，感到非常的欣慰。最后，我请集团的小于工程师为大家讲解了泰钢集团转型之后的发展历程，通过前后发展的对比，同学们更能体会到国家进行高质量发展的必要性。在课程的最后，很多同学都提到要好好学习现在的专业知识，将来走上工作岗位的时候，也要为国家的发展添砖加瓦。我想这就是实践教学的意义所在吧，不是刻板的说教，而是沉浸式的体验，当学生置身其中，命运的齿轮便开始转动，从此向着时代新人的方向成长。

在这次实践教学中，我采用了灵活多变的教学方法。贯穿此次实践教学始终的是沉浸体验式教学法。泰钢精神展览馆像一座桥梁连接起历史与现实，学生们在参观的过程中增强了真实体验感。另外，在此次实践教学中我还运用了案例式教学法，也取得了不错的效果。同学们在展馆中找到了一张全国第一台具有自主知识产权的烧结机照片，经过介绍，大家了解到，在此之前，钢铁厂一直用土法烧结。但是这种方法不仅劳动强度大，而且不环保。1987年春，厂里的冶金部到日本考察，发现一种小型的环形烧结机，这种烧结机污染少，劳动强度也小，可是投资大，成败难测，没有单位敢承担这一项目。泰钢人凭着一股顽强拼搏的勇气和艰苦奋斗的干劲，做了“第一个吃螃蟹”的人，历经20个月的反复试验，具有自主知识产权的环形烧结机一次性点火成功，把我国的烧结工艺一下子往前推进了30年。同学们在聆听了这段故事之后，眼眶红红的，仿佛看到了老一辈工人日夜鏖战的场景。班里的韩同学说：“课本上曾讲到创新能力是当今国际竞争新优势的集中体现，这句话在这一刻具象化了。”

为了更好地完成此次实践教学，我为学生们整理了丰富的教学资源。在课前，我通过学习通平台以及在线精品课的星火讲堂给学生们推送了相关资料，以便学生们提前预习。在课程资料中，除了有展览的照片，还有很多陈列的实物，这些教学资源因为与学生专业密切相关，一下子拉近了与学生的距离，使学生的感受更加深刻。在课后，我给学生们布置了实践教学作业，请同学们从自身专业出发，为建筑行业的供给侧结构性改革建言献策。课后拓展让学生从参观者变为参与者，更好地帮助学生树立起使命在肩的担当意识。

想要检验实践教学的成果，最重要的一个环节便是考核评价。在这次实践教学过程中，我采用了过程性评价与结果性评价相结合的方式。在实践教学过程中，学生们通过学习通平台随时将自己的所见、所闻、所感上传至讨论区，我会根据学生的表现进行评价。另外，我启用了《五星成长实践教学活页手册》，由组长对本次实践教学的过程以及小组成员的表现进行记录，并在课程结束时给每一位小组成员打分，小组成员之间也要进行互评。在实践教学结束后，学生们自主完成实践教学拓展作业并提交，我会根据学生们提交作业的质量并结合课中的表现作出最后的结果性评价。评价结果并不是我最终的目的，而是要根据评价数据进行教学复盘，找出优点也反思不足，为下一次实践教学的开展做好准备。

有一位哲学家曾经说过："教育就是一棵树摇动另一棵树，一朵云推动另一朵云，一个灵魂唤醒另一个灵魂。"我从目标、内容、方法、资源、评价五个方面设计的实践教学形成了教育的完整闭环，让思政课突破"知"的限制，真正做真、做实、做细，实现"行"的目标，从而达到知行合一的育人效果。

一颗丹心，埋头教育事业收获硕果

都说秋天是收获的季节，在我与学生的共同努力下，在教育这棵大树上也结出了累累硕果，学生用自己的行动向社会展示出"职业教育前途广阔、大有可为"的风采。

学生听得懂。在传统的课堂中，学生学习马克思主义理论知识大都是通过教师讲授的方式，这种填鸭式的教学方式使得教学效果并不尽如人意。随着"大思政课"育人理念的不断深入，我将思政教育与现实结合起来，将理论与实践结合起来，针对高职院校学生鲜明的职业性，重构教学内容，设置学习项目，学生在实践中架起了理论知识与实际应用的桥梁，因此更容易将课堂知识具象化，也就做到了入脑、入心，学生也收获了前所未有的信心和力量。

育人看得见。思政课不仅应该在课堂上讲，也应该在社会生活中来讲。因此，思政课立德树人的根本任务需要通过实践教学完成从理论到行动的教育闭环。马克思主义学院成立了"新青年笃行社""天平法律研习社""红星匠心研习社"三个社团，我是其中一个社团的指导教师。我以社团活动为抓手，在充分利用校内思政资源的基础上，带领学生走出校门，到各个社会实践教学基地进行参观研学，在切身体会中感知家国情怀。例如我带领“天平法律研习社”的同学与人民法院共同开展了“我与法同行”活动。在此次活动中，同学们在讲解员的带领下参观了诉讼服务中心、为民办事服务大厅、刑事审判法庭，深入了解诉讼流程、便民措施以及司法公开、审判法庭的流程等内容。工作人员还向同学们展示了诉讼文书自动生成机、导诉机器人等高科技设备。这有助于同学们将书本上的知识与案件审理实践更紧密地结合起来，既对人民法院审理案件的整个程序有了进一步的了解，也提高了证据意识和程序意识，全面提升了青年学生的法治素养。又例如开展“口述四史·寻访老党员”主题实践活动，同学们与我一起前往明水浅井黏土矿寻访老党员。在一次采访中，老党员郭爷爷讲述了他的亲身经历和感人故事。郭爷爷是1958年进厂工作的，进厂40天就当上了青年突击队员，三个月后被评为先进工作者。车、铣、刨、磨各工种都干过。他平时干工作遵循“四个一样”的原则：黑夜和白天干工作一个样，坏天气和好天气干工作一个样，领导不在场和领导在场一个样，没有人检查和有人检查一个样。正是在这种吃苦耐劳、善于钻研的精神引领下，郭爷爷不仅在工作中树立了标杆，更在生活中成为大家学习的榜样。他说，无论环境如何变化，对待工作的态度绝不能有丝毫松懈，工作的标准绝不能有丝毫降低，“四个一样”的原则，是他职业生涯中最宝贵的财富，也是他对年轻一代最真挚的寄语。通过这次采访，学生们深受鼓舞，并在心中厚植起与国家同向而行的情怀，这对学生世界观、人生观、价值观的形成十分重要。社团的社长胡同学表示：“在新时代新征程上，我们将以优秀老党员为学习的标杆和榜样，继续发扬革命传统、勇担历史重任，为经济社会高质量发展贡献力量。”

成果留得住。在“大思政课”育人的理念下，我带领学生开展了丰富多彩的实践活动，形成了丰硕的成果。在纸质成果方面，主要是以观读报告与调研报告为主。我会选择优秀的学生文章投稿到学校的校报或学校纪委主办的《清风工院》杂志上。学生看到自己的作品被选用，成就感大大提升了。在视频成果方面，我主要是结合了习近平新时代中国特色社会主义思想大学习领航计划主题教育活动，指导学生积极参与到大学生讲思政课赛道或者微电影赛道的角逐中，并获得了首届山东省高校大学生讲思政课公开课展示活动三等奖。在其他成果方面，学生积极参与无偿献血、志愿服务、山区支教等活动。在今年的职教周展会现场，部分学生展示了传统服饰、手工艺作品，包括钉珠、钉片、丝带绣、彩线绣等；部分学生设计的动漫作品、喷绘着学生作品的抱枕和明信片、融入工小龙的动画短片等文创产品吸引了大批观众驻足欣赏，交口称赞；部分学生带来了 VR 头盔，只需按下手柄，就可以模拟装配式建筑生产过程，将吊装、定位、固定、灌浆等全过程一一展示，全工艺流程的模拟让来访者对建筑工程专业有了更多的了解。学生们在实践中更坚定了技能报国的信念。

我特别喜欢这样一句话："教育应当是生命对生命的尊重，人格与人格的平等，情感与情感的共鸣，此爱与彼爱的交融，智慧对智慧的点燃，文化对文化的蕴泽。"在今后的工作中，我会继续秉持自己对于思政教育的"四颗心"，大力弘扬教育家精神，以人格魅力呵护学生心灵，以学术造诣开启学生智慧，让自己成为学生成长道路上温暖的提灯人。

“小”园“大”思政　铸就幼儿成长底色

万永新　花　婷

人物扫描

万永新，济南市历下区佛山苑幼教集团党支部书记、总园长。被评为济南市教学能手、优秀班主任、优秀教育工作者、全国优秀实验教师、全国生态文明先进个人，多篇论文发表在核心期刊上。

花婷，幼儿园业务主任。历下区优秀班主任、优秀教师，荣获全国“十三五”教育创新理论一等奖、历下区“走青春路，做育花人”主题教育一等奖、思政案例一等奖等荣誉。

“我宣誓！我是一名小小兵，我服从命令、听从指挥，不迟到、不早退，热爱祖国、热爱人民，努力做一名合格的小小兵，我坚决做到！”一场体验活动在历下区佛山苑幼教集团拉开序幕。活动中，孩子们英姿飒爽、眼神坚毅，努力学习每一个标准动作。威风的军体拳，一拳一式、一收一放尽显小兵本色。在经历过这样一场特别的体验后，孩子们变得更加独立勇敢、懂规则、守纪律、有集体荣誉感，还学会了感恩，在心中播撒下爱国的火种，将红色精神不断传承！

遵循“直接感知、亲身体验、实际操作”的幼儿学习发展特点，历下区佛山苑幼教集团在教育过程中，多途径将思政教育“融入、嵌入、深入”园本文化，让思政教育“活”起来，打造小园里的“大思政”，努力培养阳光自信、自律友爱、独立创新的新时代儿童。

做有童趣的思政教育，让幼儿听得懂、感兴趣

一次午餐后的巡视时间，中班的马老师正组织孩子们排队到楼下散步，经过园长身边时，一位小朋友指着党徽好奇地问：“园长妈妈，你戴的这个是什么？”园长没有立刻回答，而是反问孩子们：“你们猜这是什么？”“徽章、奖牌、金牌、国旗牌……”孩子们的答案五花八门，“园长妈妈，我知道，这是党徽！我在电视上看到的，我的爸爸也是党员……”“对，这枚上面有党旗的徽章叫党员徽章，共产党员可以佩戴党员徽章。”“那园长妈妈一定是党员吧？”

捕捉到孩子们的兴趣点，马老师问：“想不想知道更多关于党徽的故事？”“想！”老师通过视频、图片让幼儿了解中国共产党党徽、党旗的构成、由来以及所代表的深刻意义；借助绘本《红船，红船》让孩子们了解中国共产党的“母亲船”；组织孩子们小组合作设计统计图，用数字统计的方式寻找、记录幼儿园的党员老师有多少以及他们都在做什么；介绍了自己的党员家人平时是怎样帮助别人的；回到家中与爸爸妈妈一起观看优秀共产党员纪

录片……通过这些活动，孩子们感受到了中国共产党的伟大，对党和国家的情感与热爱由此激发。

一枚党徽的故事，就这样从园内向家庭不断地流淌，孩子们开始将“党徽—红船—中国共产党—伟大的祖国—我的中国梦”串联了起来。红色基因在幼小的心灵里生根发芽，小小的思政课堂里展现出了浓浓的爱党、爱国情怀。

根据幼儿年龄特点和发展水平，不断挖掘教育资源，形成“爱惜粮食”“鸡毛信”“我爱五星红旗”“认识国旗”“一粒米的前世今生”“闪闪的红星”“节约用水”等一系列生动的思政课程，引导幼儿自我探索感悟、大胆表现表达，在内化与浸润中触动幼儿心灵；合理利用走廊、楼梯等公共区域创设党建角和红色作品栏，充分发挥环境的育人作用，把思政教育融入幼儿的一日生活之中；精心布置具有民族文化特色和传统文化特色的主题墙，让孩子们在与环境的互动中不断增强民族认同感；幼儿园还将师幼共同制作的红色绘本、亲子制作的故事盒子投放到走廊中，利用一日生活中的碎片化时间为幼儿讲述伟大祖国、民族英雄的故事，让每一面墙壁、每一个角落都会“说话”。

老师们始终蹲下身来做孩子忠实的聆听者、支持者、引导者，将“为党育人，为国育才”的教育使命内化于心，外化于行，为我们的民族“护好根”。园内渐渐形成“爱的引领、爱的载体、爱的传承、爱的文化”四爱沁融的思政教育模式，打造了人人都是思政教师的良好教育样态。

做有温度的思政教育，让幼儿暖心灵、传善意

围绕“和而不同，止于至善”的“家和”文化，通过一个个活动引导幼儿去寻找、去探讨、去感受思政教育的温度。

（一）养成良好习惯伴成长

从小班到大班，循序渐进地培养孩子们的生活习惯、学习习惯、运动习惯和独立自主的良好行为习惯与品德。如：师幼共建班级公约，利用班级圆桌会议，谈感受，明是非，找方法；从为自己服务，自己的事情自己做，再

到为集体服务，惦念班级中小花的浇水、玩具掉在地上主动捡起来、桌子脏了能够擦干净等，建立服务意识。

（二）培育感恩之心润童年

借助重阳节、父亲节、母亲节、劳动节等契机，让幼儿学会感恩，懂得尊敬长辈，爱同伴、爱家、爱幼儿园，以及热爱身边的一草一木，通过劳动、绘画、小剧场、宣讲、故事盒子等形式，为爱发声。开展“给爷爷奶奶送祝福”“爸爸妈妈辛苦了”“快乐的幼儿园生活”等主题教育活动，引导幼儿向善向美。

除了关爱身边的人、事、物，还注重帮助幼儿建立尊重、包容的世界观、人生观、价值观，引导幼儿了解、接纳、帮助更多特殊群体。

“走过路过，不要错过！”“卖玩具啦！卖玩具啦！”“快来瞧一瞧，看一看呀！”“老板，这个多少钱啊？”“这是做好事，帮助需要帮助的小朋友，1块钱卖你了。”在幼儿园的南操场上，近百个“摊位”开始“营业”。小朋友们有买有卖，中场休息时买卖互换，孩子们充分投入活动中，一上午大家收获满满。随着一个个摊位的商品逐渐售罄，活动也接近尾声。这场特殊的爱心义卖活动，所得爱心义卖款全部捐赠给济南市启明星儿童康复中心。此次爱心义卖活动融教育于现实情境之中，将奉献爱心与服务社会有机结合，是一堂“活”的、有温度、有深度的思政实践课。温暖的付出在幸福的收获下彰显真正意义，善意可传递，通过体验、参与，所有幼儿得到了心灵的共鸣，用实际行动关心帮助身边的弱势群体，感受到帮助别人的快乐。

做有创意的思政教育，让幼儿有朝气、能参与

历下区佛山苑幼教集团由佛山苑幼儿园、佛山苑幼儿园（十亩园分园）两所幼儿园组成，地处解放阁以南、英雄山以北，周边被自然名胜与人文景观环绕，有着丰富的红色资源，为幼儿园红色课程的建设提供了有力保障。以“爱自己、爱同伴、爱家、爱家乡、爱国”的“五爱教育”为依托，将爱国主义教育与红色文化、社会主义核心价值观、日常教育教学深度融合，在

行走中践行思政教育。幼儿园特别制定“地图上的巡礼——葵宝带你走中国”亲子版路线，孩子们跟着“我想去”“我去过”“寻访心情”“寻访方式”“寻访日记”等模块内容，用双脚丈量、用双眼探寻、用双耳倾听、用心灵感悟祖国的每一寸土地。

（一）课堂微创新，做出教育新意

在“民族服饰真漂亮”活动中，老师带来了许多少数民族服饰，孩子们兴奋地戴上维吾尔族的花帽，跟着老师跳起新疆舞，开着小火车走进新疆美食区……活动结束孩子们仍意犹未尽，师生萌发了制作民族服装的想法。追随孩子们的兴趣，教研组设计了民族服饰的调查表，发动家长与幼儿查阅资料，收集民族服饰的相关知识。国庆节，在《爱我中华》的音乐声中，孩子们穿上自己设计的民族服装，进行了一场民族大融合服装秀。鲜艳的五星红旗映着一张张阳光自信的笑脸，让老师们感受到孩子们心中浓浓的爱国情。与此同时，幼儿园还利用每周的升旗仪式开展爱国主义教育，小主播讲述民族团结的故事，利用餐后散步、午睡前等碎片化时间开展“民族故事汇”活动，将爱国主义教育融入一日的碎片化时间，让爱国基因渗透到幼儿的生命中、血液里，让思政教育不仅是幼儿园的课堂，更成为孩子们人生的课堂。

（二）游戏趣创新，培养良好品格

“长城有多长？”“修建长城要多久的时间？”“长城是以前人们打仗用的吗？”“长城里有人住吗？”随着主题活动“我是中国人”的开展，孩子们不仅被中国人民的智慧所折服，也对“长城”的故事充满了好奇。在近一个月的时间里，孩子们在建构区进行了多次探索，通过图片对比、幼幼交流、师幼讨论，反复思考，从搭建单面城墙，到建构双面城墙，再到搭建烽火台，不断调整和探究。虽然游戏中先后出现了“城墙倒塌”“不像长城”“不能通行”等问题，但他们始终没有放弃，根据自己的搭建计划，明确分工，通力合作，从材料的筹集、运送、搭建，到设置宣讲员和保护长城……搭建“长城”的游戏，让幼儿了解到长城是世界文化遗产，是中国人民智慧的结晶，万里长城象征着中华民族坚强不屈的精神和勇于克服困难的毅力。建构游戏潜移默化地培养了孩子们的民族意识与爱国情怀，让中国长城这一世界奇迹根植于孩子们的幼小心灵，更让他们从小为自己是中国人而感到自豪。

将游戏精神渗透在一日生活中，通过创设生活化、多元化、挑战性的游戏环境，让孩子“乐玩、乐学、乐思考、乐成长”，不断发挥游戏对幼儿学习与发展的独特价值，点亮思政教育新火花。

做有韵味的思政教育，让幼儿发现美、绘斑斓

“泉城的名字怎么来的？”“泉水的温度是多少度？”“为什么这个泉叫九女泉？”大明湖畔、百花洲旁、黑虎泉边，孩子、老师和家长志愿者正在“按图索骥”，寻找地图中的名泉，并盖上泉水印章。孩子们每找到一处泉水就欢呼雀跃，拉着老师和爸爸妈妈合影留念，老师及家长志愿者则会给孩子们详细解说泉名的由来、泉水的传说和历史等，孩子们听得津津有味。在“我是泉城小导游”系列思政活动中，孩子们通过实地走访、资料查询了解到济南有十大泉群、1206 处泉水，其中最有名的是 72 处名泉，了解每个泉的名字、特点、位置等。通过科学小实验，了解了泉水喷涌的原理，知道了泉城济南的景观是自然景观和人文景观的结合。孩子们还一起制作护泉宣传画，分发给游客，引导他们爱泉、护泉。

通过登千佛山、赏大明湖、走进曲水亭街等活动，让幼儿在探寻、游览中感受济南的风土人情；参观山东博物馆、五龙潭、百花洲、山东手造体验中心和泉城广场文化长廊，使幼儿感受泉城文化魅力；通过品尝家乡美食、了解市树市花、认识泉城名人、诵读泉城古诗、制作泉城微景观等活动，培养幼儿对家乡的热爱与认同。同时，将扎染、编织、剪纸、泥塑、衍纸等特色文化融入集体教学、游戏活动、生活活动中；开设健体、习德、蕴美“三维”戏曲公开课、曲艺周，打造非遗曲艺周、非遗公开课、非遗皮影展；一起设计具有泉城文化元素的“葵宝”吉祥物，让传统文化浸润童心。通过这些丰富多彩、韵味十足的活动，不仅开拓了孩子们的视野，更培养了他们发现、

探索和感知美的能力，使大思政教育绽放出斑斓之花。

做有联动的思政教育，让幼儿长见识、启思维

历下区佛山苑幼教集团积极探索幼儿园、家庭和社区协同育人机制，创新构建"7+8+N"全环境育人新模式。邀请家长参与园内的传统文化、红色教育等思政教育活动，共同培养孩子的道德品质和文化素养，让家长成为孩子们思政教育的参与者和支持者。我们组织幼儿走进社区宣传宣讲环保、低碳、节俭的理念，在佛山苑社区建立"家门口的宣讲实践基地"，把济南国防初心长廊、中共山东早期历史纪念馆、济南战役馆作为红色实践基地，在五龙潭、趵突泉、黑虎泉、泉城广场文化长廊和百花洲建立"传统文化基地"，不断打造思政教育实践阵地。

经过思政教育的实践推动，幼儿思想品德素养培育成效明显，教师自身的思政素养得到极大提升，思政课程建构能力不断提高，幼儿园"五爱教育"课程资源逐渐完善，集团的思政教育的做法多次被中国网、中国日报网、新华网、环球网、齐鲁壹点、舜网、大众网等中央、省、市网媒报道，齐鲁晚报、济南日报、济南时报等纸媒也大篇幅宣传幼儿园思政教育的亮点做法，在社会上引起强烈反响。

人生百年，立于幼学，为幼儿铸就人生底色，为一生的发展打好基础，是教育发展之基，也是教育应有之义。历下区佛山苑幼教集团以其独特的思政教育方式，深挖教育资源，拓展教育空间，为孩子们打开了一扇扇通往知识、品德、文化和美育的大门。

以创新回应幼儿成长需求
用德育铺就成长绚丽底色

李　健　沈　瑜

人物扫描

李健，济南市历下区育德幼儿园党支部书记、园长。中央教科所优秀实验教师、山东省教学能手、济南市学科带头人。获省、市科研成果一等奖，出版教育经验丛书《幼儿园里的早期阅读》。

沈瑜，副园长，山东省百佳教师，济南市优秀班主任、历下区教育系统优秀党务工作者，获国家级教学案例一等奖、省级优课一等奖。

升旗仪式的情景剧、室内外自主游戏活动、“家校共育讲师团”的报告，都成了德育载体。我们落实立德树人任务，创新“一体三融五翼”模式，把德育融入家园共育、园本课程、队伍培养和幼儿一日生活，让孩子在实践中感悟道德，为孩子们的健康快乐成长筑牢根基、保驾护航。

打破教育壁垒，融合优化资源

围绕立德树人根本任务，我们打破传统教育壁垒，在“三融”策略实施过程中不断优化教育资源，推动德育教育质量的提升和幼儿的全面发展。

（一）德育教育与家园共育的相融

家庭是孩子的第一所学校，家长是孩子的第一任老师。通过与家长的深入交流与合作，我们可以更好地了解孩子的家庭背景、性格特点和兴趣爱好，为孩子提供更加个性化、精准化的教育服务。于是，幼儿园实施“父母素质提升工程”，定期开展育人专家讲座、咨询服务等活动，全方位提升家长的育人能力和水平；充分发挥幼儿园“同心圆”家委会桥梁作用，组建“家校共育讲师团”，将家长会、父母大讲堂报告会等送到“家门口”；通过开展“家庭教育‘微课堂’”活动，举办“学党史、写家书、传承红色精神”主题征文活动等，让红色基因代代相传。同时，幼儿园还通过组织党员教师到社区开展“双报到”，联合社区党组织实施幼儿健康成长项目，在社区建立新时代文明实践站，搭建家、园、社教育公益服务平台等措施，推动社区教育与学校教育有效衔接、良性互动，助力社区育人。

（二）德育教育与教师培养相融合

幼儿教师是幼儿人生中的第一任教师，幼儿教师自身的道德素养直接影响着幼儿道德修养的形成。育德幼儿园通过多种形式对教职工进行政治思想及职业道德教育，规范教师言行。组织党员及教师参观济南战役纪念馆，缅怀革命先烈，接受思想政治洗礼，开展师德演讲等，让教师成为幼儿学习的榜样。积极为教师搭建成长的平台，逐渐让老师从年轻教师成长为骨干教师，从骨干教师再成为专家型教师，形成有规划的梯队式的培养模式，教师们凝心聚力、团结协作、潜移默化地影响幼儿养成良好的品德。为了确保幼儿园德育教育做实、做细，还搭建了全园性教研梯队，“园长负责顶层设计，业务园长负责统筹课程的建构和完善，保教主任负责课程研发与调控，教研组长负责把握课程实施的容量与质量，教师在实施过程中要根据班级工作计划和幼儿的兴趣、需求，调整自己的课程实施行为”。这一举动有效保证了德育教育课程的每个版块、每类活动、每个环节都有专人负责，确保孩子们能从养成教育中汲取成长养分。

（三）德育教育与园本课程相融

幼儿园根据 3—6 岁幼儿的年龄特点，将德育教育与日常教学紧密结合，抓住日常教育契机，总结了 3 条路径、3 大习惯、6 类生长点、41 个要素、200 余个单元主题课程，构建了以“习惯养成、品德启蒙、性格涵养”为主要内容的园本课程，也是幼儿一步一步走向健全人的过程。从入园的问候、进餐的礼仪到游戏时的合作与分享，再到日常生活中的自理能力，为幼儿的日常行为设定了明确的“尺度”，通过细节化的教育和引导，培养幼儿良好的行为习惯，在实践中不断提升德育水平。我们特别注重通过高品质的活动来培养幼儿的综合素养和道德品质，在集体教学活动“城市美容师”中，我们邀请环卫工人亲临课堂，让孩子们亲身感受他们辛勤的工作。通过触摸他们粗糙的双手、聆听他们的心声，孩子们在真实场景中体验到环卫工人的不易与辛劳，从而在心灵深处种下尊重劳动、保护环境的种子。这种浸润式的教学，让孩子们在情感共鸣中思考与成长，奠定坚实的品德基础。幼儿园还精心策划了“每月一品德”的主题课程，三年共计 24 个品德主题，这些品德主题活动不仅注重知识的传授，更强调情感的唤醒与行为的展现，通过生动的故事情节和丰富的实践活动，让幼儿在体验中感受品德的力量，在行动中践行品德的准则。

挖掘传统文化，创新回应需求

我们坚持让德育教育走进幼儿“方方面面的生活”，将德育教育渗透于中华优秀传统文化之中，努力构建向真、向善、向美的幼儿园生活化德育教育实施路径。

（一）德育教育内容的创新

红色文化是中华民族优秀文化的重要组成部分，是文化自信的基础，我们充分挖掘红色文化的教育资源，确立了“红色景点”“红色英雄人物”“红色纪念日”三大内容，通过主题升旗仪式、红色主题活动、红色实践活动，使学生养成良好的道德品质和文明行为，增强文化归属感、坚信民族文化价值，让红色文化得以发展和传承。

依托春秋时期的儒家文化的“仁爱”和“专注”开展德育教育，“仁爱”讲的是“亲亲、仁民、爱物”，是让幼儿懂得爱自己、爱他人和爱社会的智慧，是人类与自身、与环境和谐共处的智慧；而“专注”代表着这个人能够专心致志、持之以恒，是做事能成的智慧。我们将中国古代“六艺”打造成一个个颇具特色的中华智慧感统区角游戏。我们还发明了对中华水利智慧进行演示的大型水科学玩具，让幼儿在操作和体验中增强文化自信，动手动脑，获得发展。

传统节日文化承载着丰富的传统文化内涵，体现了人们顺应自然，与自然和谐相处的生活理念。我们将二十四节气与生态教育相结合，每个节气活动，我们会围绕自然探索、节气体验、文化艺术、饮食保健等维度开展活动。我们会分析每个节气的思想内核是什么？指向的核心品质是什么？在节气中开展品质教育的契机是什么？

同时我们还结合本土的人文风情，深入挖掘济南传统文化的涵养点，通过生活化、游戏化、趣味性的活动，让幼儿了解济南的“山、泉、湖、河、城”，品济南美食及泉水茶文化，玩传统游戏，走近传统工艺，多角度增进幼儿对济南优秀传统文化的亲切感，让幼儿爱上自己的家乡——济南，为幼儿树立文化自信打下基础。

（二）德育教育教学方法的创新

1. 体验式教学

通过创设情境，让幼儿亲身体验红色文化、儒家文化、节日文化和本土文化中的场景和活动。例如，在红色文化教育中，组织幼儿参观革命纪念馆、烈士陵园等，让幼儿亲身感受革命先辈的英勇事迹；在儒家文化教育中，组织幼儿参加传统的礼仪活动，如拜师礼、开笔礼等，让幼儿亲身体验儒家文化的魅力；在节日文化教育中，组织幼儿制作传统节日美食、手工艺品等，让幼儿亲身体验节日文化氛围；在本土文化教育中，可以组织幼儿参观本土的名胜古迹、民俗博物馆等，让幼儿亲身体验本土文化的特色。

2. 多媒体教学

通过利用互联网资源，如在线博物馆、在线教育平台等，让幼儿更加便捷地了解红色文化、儒家文化、节日文化和本土文化的内容和意义。例如，在红色文化教育中，利用在线博物馆，让幼儿参观革命纪念馆、烈士陵园等；在儒家文化教育中，利用在线教育平台，让幼儿学习儒家经典名言；在节日文化教育中，利用在线教育平台，让幼儿了解传统节日的由来和习俗；在本土文化教育中，利用在线博物馆，让幼儿参观本土的名胜古迹和了解民俗文化。

（三）德育教育实施方法的创新

1. 融合式活动

将红色文化、儒家文化、节日文化与本土文化相融合，构建德育教育有机整体。如在红色文化教育里融入儒家“仁爱”思想，借革命先辈的事迹传递奉献精神；儒家文化教育结合传统节日，彰显礼仪道德；节日文化教育联系本土民俗活动，阐释节日渊源习俗；本土文化教育关联红色革命历史，深挖名胜古迹与民俗文化的背景内涵。

构建融合红色文化、儒家文化、节日文化与本土文化的幼儿园多元课程体系，开展主题式活动。在语言领域融入革命故事、经典名言、传统诗词、民间故事以育语言文学素养；艺术领域整合革命歌曲、传统音乐、节日舞蹈、民间艺术以促艺术审美发展；科学领域汇入革命历史、科学思想、节日习俗、民俗文化以启科学探索精神；社会领域纳入革命精神、道德准则、节日礼仪、民俗文化以助社会交往；健康领域融入革命体育、养生理念、节日游戏、民俗体育以导体育锻炼习惯。

围绕红色文化、儒家文化、节日文化和本土文化中的一个主题，设计一系列课程活动。例如，在红色文化教育中，围绕“革命英雄”的主题设计系列课程活动，如讲述革命英雄的故事、观看革命英雄的电影、制作革命英雄的手抄报等；在儒家文化教育中，围绕“孔子诞辰”的主题设计系列课程活动，如讲述孔子的故事、学习孔子的名言、举行孔子诞辰纪念活动等；在节日文化教育中，围绕“春节”的主题设计系列课程活动，如讲述春节的由来和习俗、制作春节的手工艺品、表演春节的文艺节目等。

（四）德育教育评价方式的创新

1. 多元化评价

采用多元化的评价方式对幼儿的学习成果进行评价。例如，在德育教育中，我们采用观察法、作品分析法、访谈法等评价方法和教师评价、家长评价、幼儿自我评价等评价主体，对幼儿的学习成果进行评价。

2. 过程性评价

注重对幼儿学习过程的评价，不仅是对幼儿学习成果的评价，而是对孩子在活动中的表现进行评价。采用成长记录袋的方式，建立幼儿德育教育成长档案，记录幼儿在活动中的想法、表现、学习成果等，对幼儿的学习过程进行评价。

把握游戏契机，互动中渗透德育

在幼儿园的教育活动中，游戏是孩子们最喜爱的活动形式。我们深知，每一个游戏都蕴含着宝贵的德育教育机会。例如，在角色扮演游戏中，孩子们扮演医生、警察、消防员等职业角色。老师可以在游戏过程中引导孩子们理解这些职业的重要性和奉献精神。当孩子们扮演医生时，老师可以提问："医生是做什么的呀？"孩子们会回答："医生可以给病人看病，让他们好起来。"老师接着说："对呀，医生们很勇敢，他们总是在人们生病的时候帮助大家，他们很有爱心和责任感。就像我们在生活中也应该关心他人，帮助有需要的人。"通过这样的互动，孩子们初步理解了爱心和责任感的含义。

在建构游戏中，孩子们一起合作搭建高楼、城堡等。老师鼓励孩子们互相帮助、分享积木，培养他们的合作意识和团队精神。当孩子们遇到困难时，老师引导他们一起想办法解决，让他们体会到团结的力量。在这个过程中，孩子们学会了合作、沟通和解决问题，这些都是重要的德育品质。

此外，我们还设计了红色主题的户外游戏，如模拟爬雪山、过草地等，让幼儿在游戏中感知红色文化，领悟红色精神。通过抓住每一个游戏契机，在互动中巧妙地进行思政启蒙渗透，可以让孩子们在快乐游戏的同时，逐渐培养起良好的品德和价值观，为他们的未来成长奠定坚实的基础。

融合教育心得，促进良性循环

秉持"以心育心"的理念，育德幼儿园将德育教育与心理健康教育紧密结合，在人格"知""情""意""行"四个维度上构建心育和德育的融合路径，形成相互滋养、彼此促进的良性循环。幼儿园特别设立了"幸福岛"心理工作室，充分利用绘本坊、表演坊、感统区等区域资源，开展绘画疗愈、故事疗愈、艺术疗愈等多元化课程，让幼儿在轻松愉快的氛围中宣泄情绪、增强自信、提高交往合作能力。同时，还通过"小游戏解决大问题""心理健康月"等线上线下活动，将心理健康教育融入日常教学之中，让幼儿在玩耍中学习、在体验中成长。

我们构建了相应的心理课程，整体设计教学活动方案和课件，自主开发了心理健康教育资源包等教学材料，每两周进行一次心理健康教育活动。比如大班"情绪魔法屋"主题课程，教师播放情绪动画短片后，引导幼儿讨论情绪产生及应对方法时，引入控制情绪不伤害他人等德育内容；创设“情绪魔法屋”区域，幼儿在绘画表达情绪时培养积极心态和解决问题的能力，角色扮演融入互帮互助等品德元素；组织“情绪分享会”，在引导幼儿分享情绪问题和解决方法时，注重分享意识和团队合作精神等品德培养，在促进其心理健康发展的同时进行德育教育。

我们不断探索和创新幼儿园德育教育的新模式，坚守以幼儿全面发展为核心的教育理念，把德育教育贯穿于教书育人的每一个环节，为幼儿的成长之路铺设坚实的基石，为他们的生命旅程绘就亮丽的底色。

幼子心·爱国情

范丽娜

人物扫描

范丽娜，济南市育贤第一幼儿园党支部书记、园长，高级教师。荣获山东省保教质量提升标兵、山东省幼儿园实施三年行动计划先进个人、济南市领航教育工作者、济南市教科研先进个人、山东省优化一日活动评比一等奖等荣誉。主持多项省、市级规划课题，多篇论文在国家、省级教育刊物上发表。

人生百年，立于幼学。近年来，我园以习近平新时代中国特色社会主义思想为指导，全面贯彻党的教育方针，落实立德树人根本任务，为幼儿园教师立足课堂回答好“培养什么人、怎样培养人、为谁培养人”这一教育的根本问题提供了根本遵循。

作为一名新时代的幼教工作者，我高度重视思政教育在幼儿园养成教育中的一体化建设工作，积极推动社会主义核心价值观进幼儿园、进生活、进头脑。坚持“扣好扣子，思政之光点亮幼儿成长之路”的理念，牢记“红色文化，浸润童心”的教育誓言，将红色文化元素融入幼儿园的课程建设中，为幼儿打造快乐成长的乐园。围绕“立德树人”总目标，以多元课程为载体，以一日生活、主题教育、游戏活动、项目活动为课程的主要实施形式，以多元的特色活动为补充，以“家园社网心”协同育人为策略，在不断实践、反思、创新中逐渐沉淀，构建出多维融合的幼儿园全环境育人思政实践模式，探索出了一条崭新的学前思政教育发展之路。全方位、多途径将思政教育融入幼儿教育，让思政教育接地气、有童趣、有温度。

巧用环境育人，在资源融合中浸润爱国童心

幼儿教育不同于其他学段教育，更强调幼儿的直接感知、亲身体验、实际操作，更强调环境的润物细无声，这样幼儿才能获得相关经验。

济南是一座具有悠久历史和光荣革命传统的城市，每一处革命旧址都凝固成一座红色地标，每一个革命足迹都升华为一个红色印记，每一位革命烈士都承载着一段红色故事，这也为我们进行红色文化主题教育提供了丰富多元的资源。于是我充分利用本土红色文化资源环境，开展了“‘小脚丫大思政’打卡红色地标”系列活动，组织幼儿打卡济南战役纪念馆、济南解放纪念馆（解放阁）、济南革命烈士陵园、中共山东省党史陈列馆等红色教育基地，让幼儿的红色教育“身临其境”，在亲近这些红色遗址的同时，初步了解济南的本土红色文化，在红色氛围的熏陶下，爱国、爱党的种子在孩子们幼小的心

灵中悄然播种。

在深入挖掘本地红色资源的同时，将红色文化与幼儿园环境创意设计相融合，将红色文化的外显特征融入孩子看得见、摸得着的园所环境中。在幼儿入园必经的大厅、走廊、舞台、活动室等位置，创设红色文化背景墙、红色书屋、红色梦想、红色印记、红色故事、红色体验、红色剧场、红色文物展等区域，秉承着情境性、趣味性、参与性的原则，让孩子身临其境地感受红色文化，潜移默化中接受红色文化的熏陶和影响，了解历史、传承薪火，为红色教育“着色升温”。

借助幼儿园的户外环境以及户外的游戏区域，设置沙地、山洞、山坡、草地、泥巴地等地形打造“军事场景”，通过吹响号角、全军战备、强渡大渡河、飞夺泸定桥、炸碉堡、爬雪山、过草地等活动，追随长征足迹，将爱国、爱党的种子根植于幼儿心中！让孩子们在身临其境中体验红色教育课程，让红色教育“具象生动”。

立足课程育人，在内容构建中传承红色精神

幼儿红色教育是一个涵盖从红色资源活化到红色意识萌发、从红色情感积淀到红色信念生成的渐进式发展过程，具有内在的创生逻辑。幼儿红色教育需要在这些“人、物、事、魂”中选取最易于被幼儿接触、感知、体验和产生共鸣的资源，作为其红色教育的核心内容和活动载体。我以红色人物为榜样，以践行红色精神为使命，建构立足本园特色的红色教育思政课程。

依托济南本土红色文化资源，以幼儿的兴趣和需求为导向，聚焦“幼儿红色教育的内涵、幼儿红色教育的价值、幼儿红色教育的内容、幼儿园红色教育实施的路径与策略”等关键问题，厘清红色教育实施中的关键性要素。以“传红色精神润红色童心”课程理念为切入点，研讨并形成课程总目标：培养赤忱睿智的“四有”儿童（有爱国情怀、有团结精神、有奋斗意志、有奉献品格）；进而分层研讨课程的二级目标和三级目标，形成红色教育的

“1+4+N”目标体系：“1”是指幼儿园红色教育的总目标；“4”是聚焦“四有”儿童，每一个红色教育的具体内容目标；“N”是指围绕内容目标开展活动的具体目标。以课程理念为指导，以课程目标为导向，收集并筛选济南市的优秀红色文化资源，并按照红色故事、红色建筑等文化呈现形式进行分类，建立红色教育资源库。

参照课程目标，利用课程资源，建构以基础课程、选择课程、特色课程三大课程模块为依托的课程框架，制订三大课程模块小、中、大各年龄段的学期实施计划，设计具体的课程活动方案。基础课程是根据红色教育目标设计的一系列主题教育活动，如“我是中国娃”；选择课程则是聚焦幼儿园9个班级的班本化课程进行红色教育活动；特色课程是聚焦节日节气、幼儿园特色节日课程，例如科技节、读书节等，通过家园社合作助推红色教育的课程。

融合多元活动，在红色文化中打好人生底色

依托我园园本课程，立足幼儿视角，形成了全环境育人背景下幼儿园红色教育的“3+N”多元活动形式，以幼儿园的一日生活活动、特色游戏活动、项目活动为课程实施的基本形式，创新红色亲子读书会、小红军故事宣讲团、红色经典音乐会、红色皮影剧展演、红色教育作品展等多元特色活动形式，将红色精神融入心灵深处，融入言谈举止和生活习惯，在孩子们的成长道路上播撒红色火种，传承红色基因。

把红色文化教育融入幼儿园一日活动各环节，让幼儿在潜移默化中得到红色文化的熏陶，萌发幼儿爱国情怀。我充分利用幼儿入园环节，创设幼儿成长空间。例如，让幼儿参与晨间护学活动，通过设置幼儿“小小护学岗”，引领幼儿以红色人物为榜样，激发其从小树立互帮互助、忠于职守、真情守护的品质；每周一的升旗仪式，让幼儿做小小护旗手，体验升旗仪式的庄严；巧用幼儿就餐环节，培育幼儿节俭意识，在餐前组织幼儿观看粮食生长和生产过程的视频，感悟节约粮食的重要性，分餐中让幼儿自主取餐，教育幼儿

吃多少、取多少，不浪费、不挑食，餐后组织幼儿讨论生活中有哪些浪费现象，进而对幼儿进行爱惜粮食的节俭教育。

游戏，是幼儿园最基本的活动，也是孩子最喜爱的活动。如何从游戏活动入手，将红色文化教育融入孩子的日常生活？我们借助二者的有效整合，让幼儿各方面能力在游戏活动中得到磨炼，同时激发他们爱党爱国的情感，将红色的种子播撒进幼儿的心房，让红色的基因真正代代相传。

第一，依托户外自主游戏传承红色精神。我和孩子们将红色故事的情节与游戏相融合，让孩子们“身临其境”地感受红色革命精神。以“红军长征故事”为引线，小红军故事宣讲员所讲的历史故事英勇激昂，让大家仿佛置身于长征路上。二万五千里长征路纵横十余省，历时之长、行程之远、敌我力量之悬殊、自然环境之恶劣，令人永不能忘。听完故事，孩子们开始讨论：“长征路上是怎样的呢？”“我记得红军要过很窄的桥，在敌人围追堵截的情况下，他们还能顺利过桥，非常了不起！”“要爬过雪山，好冷，比冬天还冷！”“红军过草地时，都没有吃的，他们饿了只能吃野草、啃树皮、吃泥土。”随后，孩子们设计出了别样的幼儿园里的“红军长征路”——由木梯、地垫、木板、轮胎、攀爬架等搭建的通道。“小红军们”在别样的“长征路”上体验“长征战斗”的困难和艰辛，他们勇敢顽强、奋力拼搏、挑战自我，在“长征路上”尽情挥洒汗水，锤炼意志，传承红军不怕难的长征精神。

第二，巧借建构游戏弘扬红色精神。红色故事是孩子最喜欢的教育主题，而建构游戏是孩子们最感兴趣的活动。当红色故事作为幼儿的外部资源和媒介引发新建构主题时，故事里的情节将是建构活动的“助推剂”，建构活动成为红色故事情境的延伸。《地道战》《董存瑞炸碉堡》等红色故事中的地道、坦克、炸药包、碉堡、冲锋枪都成了幼儿的建构目标，孩子们用积木、雪花片和废旧材料建构出幼儿园里的“战场”，无敌炸药包、王牌坦克、重甲坦克等应有尽有，红色故事不仅激发爱国主义情感，更让孩子们产生建构热情，学会用自己的方式弘扬红色精神。

第三，借助绘本表演游戏体验红色文化熏陶。红色绘本故事带领大家走进一段波澜壮阔的历史时光，每一段故事背后，都蕴藏着无声的力量，我们借助家园共育的力量，和家长一起担当起讲好红色故事的重任，感受英雄人物的坚定信仰，感恩他们的报国情怀，守望与传承革命红色精神。在我园的“同沐书香，阅润童年”系列读书月活动中，绘本故事《少年英雄王二小》《长征路上小红军》《闪闪的红星》被搬上舞台，孩子们有模有样的情景表演让现场大观众、小观众在直观的体验中接受红色文化的熏陶。

第四，借助项目活动开展红色教育。立足红色教育故事，以幼儿感兴趣的问题为驱动，将所获得的红色文化经验运用于实际生活，在迁移中逐渐内化，在收获与反思中传承红色基因。例如，项目活动“长征路上的红脚丫”，幼儿运用观看视频、调查、采访等多种方法，探寻“长征有多长”，了解长征背后的故事，感受红军的勇敢、艰苦和智慧，进而萌发了想做小红军的愿望。幼儿自行设计班级“长征”路线，并通过投票达成了共识，确定了要做的事：爬雪山—过草地—吃红军餐—“打仗”。做准备时，他们提出应该带馒头、土豆、芋头等简单朴素的食物；途中累了，他们说要再坚持一下；膝盖摔破了皮，消毒后继续前行……最终在相互帮助中到达了目的地。回园后，幼儿开展了“长征”故事分享会，讲述自己从一开始的信誓旦旦，到途中想放弃，再到最终在坚持中获得胜利的过程。在“小小红军去长征”活动中，幼儿学会了勇敢坚持、克服困难，初步感悟到了红色文化的精神力量。

第五，依托幼儿园“家园社网心”协同育人新路径，创新幼儿园红色教育“N种”特色活动形式。形成以家庭为主体、以幼儿园为主导、以社会为依托、以网络为平台、以心理教育为保障的协同育人新路径，融合全方位、多层次的红色教育资源，渗透到园本特色活动中。结合我园红色教育主题阅读活动，幼儿园联合家长和社区资源，邀请家长和社区工作者来园和幼儿进行红色亲子读书，分享与红色主题教育相关的图画书，让“红色书香”环绕幼儿园和家庭的每一个角落。成立“小红军故事宣讲团”，推选“小红军宣讲员”轮流在幼儿园宣讲红色图画书故事。《鸡毛信》《王二小》等一个个鲜活的小英雄故事深深吸引了孩子们，孩子们从一个个英雄故事中汲取向上、向善、奋进的力量。幼儿园结合“国庆节”活动，开展了“红歌润童心，童声唱祖国”红歌活动，幼儿饱含深情地唱响《党是太阳我是花》《童心向党》等一首首经典歌曲，用歌声礼赞祖国。开展“观红色影片，润红色童心”主题活动，借助最直观、形象的方式拉近幼儿与革命年代的距离，让他们更深刻地了解那段充满战火硝烟的历史，懂得珍惜现在的幸福生活，给孩子们内心埋下一颗热爱祖国、勇于奋斗、感恩奉献的红心苗。结合幼儿园的皮影课程，将皮影与红色故事相结合，创编红色教育主题的皮影情景剧《闪闪的红星》《草原英雄小姐妹》等在幼儿园进行巡演，借助幼儿园公众号、视频号进行宣传，红色基因与非遗文化碰撞，红色精神就这样潜移默化地扎根在孩子们心中。结合幼儿园党支部“七一”活动，进行“亲子自制红色故事书”主题活动，让孩子们在制作绘本的过程中了解红色革命故事，加强对革命历史的了解和学习，通过通俗易懂的形式学习红色文化、传承红色文化，弘扬红色精神，凝聚时代力量。

习近平总书记强调：“应该把美好的道德观念从小就传递给孩子，引导他们有做人的气节和骨气，帮助他们形成美好心灵，促使他们健康成长，长大后成为对国家和人民有用的人。”思政课正是我们落实立德树人这一根本任务的关键所在。我以“红色文化”为核心，着力推进红色文化融入思政教育，通过开展一系列生动有趣的红色教育活动，让孩子们在亲身体验中感受到红色文化的魅力，实现主渠道育人、实践育人、文化育人有机结合。不仅发挥了红色文化立德树人、培根铸魂的重要作用，还创新变革了思政教育模式。帮助幼儿扣好人生第一粒扣子，让幼儿在红色文化的浸润中涵养“红色精神”，感受“红色力量”，让红色教育润幼无痕。

传统文化主题月中的幼儿思政教育

刘 杰

人物扫描

刘杰，济南市育贤第二幼儿园教师。荣获济南市教学能手、济南市优秀班主任、市中区优秀教师、首席教师、济南市首届“中小学优秀教育案例”一等奖、济南市“自主游戏观察记录”评选一等奖、济南市优质教学活动一等奖等荣誉。在“幼儿习惯养成的游戏化园本课程”课题研究中，获市级基础教育教学成果二等奖。

2017年，《关于实施中华优秀传统文化传承发展工程的意见》出台，明确提出中华优秀传统文化的传承发展应“贯穿于启蒙教育、基础教育、职业教育、高等教育、继续教育各领域”。人生百年，立于幼学。在幼儿阶段注重传统文化的传承，可以为孩子们的未来成长奠定坚实的基础。

为深入挖掘中华优秀传统文化资源中的教育元素，我结合孩子的兴趣，以“主题月”创新实践，持续融入课程思政。如“感恩行动月”“团结协作月”“非遗文化月”，每月围绕一个主题进行深入教育，制订课程时明确政治导向，融入社会主义核心价值观，根据不同年龄阶段选择与其认知水平相适应的传统美德教育内容，让孩子在轻松愉快的氛围中学习。

尊重与表达　感恩行动月

在感恩行动月期间，幼儿园通过一系列丰富多彩的活动，将中华优秀传统文化与思政教育有机结合，引导幼儿理解并践行尊重、感恩与孝顺的美德。通过课堂上讲述《乌鸦反哺》《孔融让梨》《卧冰求鲤》等经典故事，并推荐拓展阅读书目，引导孩子们初步了解孝顺父母、尊重长辈的意义。在主题活动中，通过组织幼儿模拟家庭场景，分别扮演家庭成员，体验关爱家人、尊重长辈的情感；指导孩子们制作感恩卡，引导他们表达对家人的感谢；老师邀请家长与孩子共同回顾成长历程，记录感恩瞬间，制作家庭感恩相册；倡导家长以身作则，在日常生活中展示尊重长辈、感恩生活的好家风，为孩子们树立榜样，进一步强化尊重与感恩的意识。

我们还将感恩教育融入节日活动中，结合传统节日与手工艺，进一步深化幼儿对本土文化的认知。依托春节、元宵节、清明节等传统节日，通过故事讲述、习俗体验、美食品尝等形式，让孩子们在欢乐中感受节日文化的魅力。春节期间，孩子们亲手制作春联和窗花，体验传统年俗；元宵节时，通过制作汤圆，了解团圆和美满的寓意；清明节则通过制作风筝、讲述先烈故事，缅怀先人，传承家国情怀。这些活动不仅丰富了孩子们的文化知识，更在他们心中种下了热爱传统文化的种子，培养了他们的感恩之心、尊重之情和家国情怀，为他们的品德发展奠定了坚实的基础。

协商与合作　团结协作月

传统文化与思政教育的结合为幼儿的全面发展提供了丰富的土壤。在团结协作月中，大班幼儿通过“接力传球”“搭积木比赛”“拔河比赛”等团队游戏，不仅锻炼身体协调能力，更在游戏中学会相互配合、分工协作，体会到了团队精神的重要性；中班幼儿则通过角色扮演活动，如扮演消防员、医生等，模拟现实生活中的团队合作场景，学会在解决问题的过程中倾听他人意见、表达自己的想法，培养责任感和集体意识；小班幼儿通过分享《爷爷的印章》《蚂蚁搬家》《三个和尚》等图画书，在生动有趣的故事中感受到团结合作的力量。其中，在《爷爷的印章》绘本阅读活动中还了解了印章艺术及其承载的传统文化，激发起孩子们对中华优秀传统文化的兴趣和热爱。

无论是大班的团队游戏、中班的角色扮演，还是小班的绘本阅读，都旨在培养幼儿的团结协作、团队合作和解决问题的能力。这些品质不仅为幼儿未来的学习和生活奠定了坚实基础，也让他们在感受中华优秀传统文化魅力的同时，逐渐形成对集体、对社会的责任感和归属感，真正实现了“寓教于乐”的教育目标。

坚持与挑战　自信勇敢月

随着春天的到来，我们组织了一系列户外探险活动，让孩子们在自然环境中挑战自我，在实践中体会自信与勇敢、坚持与责任。如在徒步活动中，老师向孩子们讲述《愚公移山》的故事，让他们明白坚持和毅力的重要性；在自然观察活动中，老师向孩子们介绍古代文人墨客赞美自然和山水的诗词，引导孩子们去发现身边的变化，体会大自然的美好，同时感受古人对自然的敬畏与热爱；在户外运动中，结合《小鲤鱼跳龙门》的寓言故事，鼓励孩子们像小鲤鱼一样勇敢面对挑战，通过努力“跃过龙门”。慢慢地，孩子们不仅理解了勇敢与坚持的意义，还学会了如何在困难面前保持冷静与运用智慧。我们还设置了“小小挑战者”项目，如攀岩、平衡木等任务，让孩子们在挑战中体验成功与失败，培养他们的抗挫能力和自信心。同时，通过阅读《司马光砸缸》《武松打虎》等经典故事，引导孩子们理解勇敢不仅仅是力量的体现，更是智慧与责任的结合。这些活动不仅让孩子们在自然环境中锻炼了身体，还让他们在潜移默化中接受传统文化的熏陶，树立了正确的价值观。

在日常生活和家庭教育中，我们也注重培养孩子们自信与勇敢的品质。我们引导家长在日常生活中关注孩子的情绪变化，及时给予鼓励和支持。如，当孩子面对困难时，家长可以通过语言激励和行为示范，帮助孩子建立自信；当孩子完成一项挑战时，家长可以通过表扬和奖励，增强孩子的成就感。

诚实与守信　品德塑造月

在品德塑造月中，我们专注于诚实与守信的品德教育，鼓励孩子们在日常生活中做到言行一致，从小培养诚实守信的好品质。

老师选取《华盛顿与樱桃树》《狼来了》等诚信故事，通过生动有趣的绘本故事表演和讲述，让孩子们知道诚实守信的重要性。在“诚信剧场”中，指导幼儿演绎如《曾子杀猪》这样经典的诚信教育故事，模拟如归还捡到的物品、不撒谎等日常生活中的诚信场景，亲身体验并深刻理解诚信的力量。此外，老师还精心制作了“诚信之星”奖状，及时肯定在诚信方面有突出表现的幼儿，激励更多孩子以他们为榜样，争做诚实守信的好孩子。同时，幼儿园还鼓励家长积极参与，在日常生活中展示诚信的行为，如遵守承诺、不欺骗他人，为孩子们树立良好的榜样。通过这些活动，孩子们不仅学会了诚实守信的品德，还在传统文化的熏陶中感受到思政教育的深远意义。

体验与传承　非遗文化月

“非遗文化月”活动以传统文化为核心，通过剪纸、泥塑、中国结编织等传统手工艺，带领孩子们深入体验中国非物质文化遗产的魅力，感受其中蕴含的文化内涵与精神价值。

在剪纸活动中，孩子们用灵巧的小手剪出一幅幅寓意吉祥的图案，如象征“年年有余”的鱼儿、寓意“福寿双全”的寿桃等。他们不仅学习了剪纸的技巧，还了解了每个图案背后的文化寓意，感受到剪纸艺术独特的审美价值。通过这种动手实践的方式，孩子们在潜移默化中体会到传统文化对于美好生活的向往与祝福。

泥塑作为中国传统手工艺的代表之一，承载着深厚的文化底蕴。活动中孩子们通过揉、捏、搓、压等手法，塑造出憨态可掬的小熊、展翅高飞的小鸟等生动形象。通过一次次尝试与调整，孩子们在完成作品的同时，不仅锻炼了他们的手部协调能力，还激发了他们的空间想象力和创造力，更深刻地体会到了传统手工艺的精妙与乐趣，感悟到匠人精神的力量。

在中国结编织课堂上，孩子们将彩色丝线穿插、翻转、打结、整理、装饰，形成一个个精美的样式。中国结作为中国传统手工艺的瑰宝，象征着团圆、和谐与美好，是中华文化中“和合”精神的生动体现。通过编织中国结，孩子们不仅感受到传统工艺的精巧与细腻，还在完成作品的同时体会到满满的成就感与喜悦。这一过程让他们更加理解中华优秀传统文化中对和谐、团圆的追求，增强了文化认同感。

非遗文化月进一步丰富了思政教育的内容，帮助孩子们树立了文化自信和民族自豪感。同时，非遗文化的融入为孩子们未来文化认同感和创造力的发展奠定了坚实基础，让他们在潜移默化中成为非遗文化的小小传承者，为中华优秀传统文化的延续注入新的活力。

游戏与创新　传统游戏月

传统民间游戏作为中华文化的重要组成部分，承载着悠久的历史文化底蕴，不仅是孩子们喜爱的活动形式，更是幼儿园思政教育的重要载体。为了更好地将传统游戏与思政教育相结合，我园定期开展“传统游戏月”活动，通过简单易学、趣味性强且蕴含丰富文化内涵的经典游戏，培养孩子们的品格和情感，帮助他们树立正确的价值观。例如，“跳房子”让孩子们在玩要中体会到规则和诚实守信的重要性，学会正确面对成功与失败；“丢沙包”锻炼了他们的专注力和反应能力，同时让孩子们感受到公平竞争的意义；“老鹰捉小鸡”通过角色扮演，教会孩子们相互配合、保护他人和承担责任；“丢手绢”和“捉迷藏”则为孩子们提供了表达情感、与他人互动以及体会友谊和信任的机会。

为了始终保持传统游戏的趣味性，使其更符合时代发展趋势和幼儿的年龄特点与发展需求，我们在传统游戏的基础上大胆创新，优化游戏内容，升级游戏玩法。如，在“跳房子”的格子里设置“帮助朋友”“分享玩具”等不同的任务卡片，游戏中孩子们不仅锻炼了身体协调性，还学会了合作与分享，传承了中华民族团结友爱的传统美德。将“安全提示”融入“捉迷藏”游戏中，藏起来的孩子需要找到指定的安全标志或物品，才能算作成功隐藏。这样做不仅提高了孩子们在游戏中的安全意识，同时传承了珍爱生命、注重安全的价值观。为了增强“丢手绢”游戏的互动性，让孩子们在游戏中进一步学习诚实、勇敢等品质，我们在手绢上写上不同的“美德词”，被丢到手绢的孩子需要说出这个词的含义或分享一个相关的小故事。

通过这些创新，传统游戏不仅保持了原有的趣味性，还被赋予了更丰富的教育内涵，帮助孩子们在游戏中学习和传承优秀的品质和价值观。同时，我们鼓励孩子们在游戏中自由寻找伙伴，自选玩具、玩法或商定游戏规则、改变玩法，充分发挥他们的主体性和创造性。

“传统游戏月”活动不仅传承了中华优秀传统文化，还为培养德智体美劳全面发展的新时代儿童提供了有力支持。孩子们在玩耍中学习、在游戏中成长，学会了诚实守信、公平竞争、团队合作、责任担当、情感表达以及人际互动等宝贵品质。这些品质的传承与培养，正是“传统游戏月”活动的核心目标，也为幼儿园的思政教育注入了新的活力。

爱国与责任 红色教育月

为进一步培养孩子们的价值观、爱国情怀和社会责任感，我们在十月份精心打造了“红色教育月”活动，将红色文化与幼儿的日常生活、游戏紧密结合，让孩子们在趣味游戏中接受红色洗礼。幼儿园设立薪火相传红色游戏区，利用沙池、水池、山坡等户外游戏场地，精心设计了爬雪山、飞夺泸定桥、攻占腊子口等模拟红色场景的游戏。游戏中孩子们亲身体验革命先辈们不畏艰难险阻的奋斗历程，在一次次攀爬、跨越中，锻炼了坚强的意志，培养了勇敢无畏的精神。同时，我们还组织幼儿观看天安门升旗仪式，学习国旗、国歌的知识，让他们在庄严肃穆的氛围中，增强对国家的认同感和自豪感。此外，唱红歌、演红剧、讲故事等丰富多样的活动，让幼儿充分感受红色文化的独特魅力，那些激昂的旋律、动人的故事，在孩子们心中种下了爱国的种子。通过生动讲解红色历史、英雄事迹，比如《闪闪的红星》里机智勇敢的潘冬子、《小英雄雨来》中勇敢无畏的雨来，让幼儿深刻了解祖国的伟大，激发他们内心深处的爱国情怀。

除了园内活动，我们还积极拓展家庭教育领域思政教育活动，如共同制作红色故事绘本、徒步参观战役遗址、参与红色故事广播站活动，邀请家长与孩子一起观看爱国电影、纪录片，深入了解国家的历史和文化，让红色教育延伸到家庭，形成家园共育的良好氛围。鼓励家长在日常生活中，引导孩子关注社会热点问题，比如环保行动、公益活动等，培养孩子的社会责任感，使孩子们明白自己作为社会中的一员，应肩负的责任。通过家园共育，全方位、多层次地开展红色教育，让传统文化中的思政元素如同一股清泉，滋润着孩子们的心田，助力他们茁壮成长，成为有情怀、有担当的新时代好少年。

秉承“创设优质教育资源，促幼儿全面快乐成长”的办园理念，在主题月实践中，我们将传统文化与实践活动相结合、家园共育与社区教育相结合，全方位、常态化地渗透到教育过程之中。同时充分挖掘社会资源，注重与社会各界建立合作关系，为孩子们提供更为广阔的学习空间和实践机会，丰富幼儿的教育体验。如定期邀请社区里的专业人士来园开展讲座、工作坊等活动；组织社会实践活动，家长和幼儿共同参观军械所、消防大队、革命纪念馆、红色教育基地；积极参加社区的文化活动、社会公益活动、志愿服务活动等，让幼儿在参与中感受社会的温暖和力量，培养他们的爱心和奉献精神。孩子们在实践中学习和成长，进一步增强了社会责任感和公民意识。丰富多彩的教育实践活动，有力推动了家园社协同育人工作的开展，为幼儿创造了更加优质的成长环境。

传统文化主题月中的幼儿思政教育，进一步落实了全环境立德树人的根本任务，加深了幼儿对传统文化的了解和认同。让中华优秀传统文化照亮幼儿思政教育之路，需要我们对新时代教育进行一次又一次的探索和实践。我坚信，教育是一份充满挑战且富有创新性的工作，未来我们将不断深入挖掘中华优秀传统文化的教育价值，探寻中华优秀传统文化与课程思政的融合之路，以主题月的创新实践为“引擎”，以传统游戏为“根基”，持续融入幼儿园课程思政，探索思政教育的新思路、新途径、新方法，厚植幼儿的民族自豪感和爱国情怀，不断提升新时代学龄前儿童的文化素养和综合能力，让思政教育在学前教育中“活”起来。

在幼小心田播撒“爱”的种子

李广勇

人物扫描

李广勇，现任济南市长清区实验幼儿园书记、园长。荣获省百佳园长、省教科研成果二等奖，市教育系统青年岗位能手、市优秀教育工作者、市优秀班主任、“一师一优课、一课一名师”市级优课、市第一届学前教育“十佳管理之星”，区现代工匠、区教书育人楷模、区名校长等荣誉。

孩子是一个国家和民族的未来。党的二十大报告明确提出：“要落实立德树人根本任务，培养德智体美劳全面发展的社会主义建设者和接班人。”作为一所建园 67 年的公办幼儿园，我们以二十大精神为指引，秉承“爱心施教成就未来”的办学理念，努力实现“幼有所育点亮未来”的目标，为孩子一生的健康发展奠定良好的基础。

在《幼儿园教育指导纲要》和《3—6 岁儿童学习与发展指南》中，都突出了幼儿教育中情感、兴趣和态度的重要性。可见，学会爱不仅是一种传统美德，更是未来人才的基本素质要求。然而现在的家长，在把全部的爱倾注给孩子的同时并没有培养孩子去爱别人，对孩子的情感是“单向输入”，而不是“双向交流”。大多数孩子形成了以自我为中心，只知获取，不懂给予，“众人为我”的心理倾向，不懂得什么是真正的“爱”。

我园依托“爱心施教，成就未来”的办园理念，丰富以“爱”为核心的文化内涵，让爱内化于心，外化于行，让孩子感受“爱”的氛围，接受“爱”的熏陶，引导“爱”的行为，得到“爱”的升华。

多形式激发爱

（一）幼儿园一日生活中，渗透品德启蒙

不同年龄段的幼儿采用不同形式开展品德教育活动。例如，小班通过阅读绘本《猜猜我有多爱你》《我爸爸》《我妈妈》等，初步感知爱；中班开展小剧场演出，通过演绎各类绘本故事，进一步理解爱；大班开展改编品德故事的活动，每一名幼儿都参加，并邀请家长来观看每月一次的演出。在改编中升华爱的情感。在游戏中，幼儿懂得了什么是应该做的、什么是不应该做的，也在解决问题或纠纷的过程中，了解了正确的道德要求和行为规范，渗透了爱的品德教育。

（二）传承中医药文化，增强民族自豪感

长清是医祖扁鹊的故里，有得天独厚的中医药文化基础。为了让幼儿发

现中医的神奇之处，揭开中医的神秘面纱，激发幼儿爱家乡、爱长清的情感，我们将中医药文化引入幼儿园。

通过运用废旧材料制作防蚊香包、调制中医养生保健饮品，观察中药植物的生长，学习五禽戏等实践活动，幼儿在直接感知、亲身体验、实际操作中体悟中医药的魅力。我们坚持中医药文化从娃娃抓起，梳理出绘本阅读、中医游戏、中医故事、中医养生操、中医合一操、中医儿歌吟诵等多元灵动的教学方法，让幼儿快快乐乐玩中医、学中医、用中医、体验中医。幼儿从小养成健康生活的好习惯，拥有健康的身体和健康的心灵，助力他们茁壮成长，从而扎下中医自信的根基。

在全环境立德树人的背景下，中医药文化在幼儿园课程中的融合既能丰富幼儿的知识，促进幼儿全面发展，又能激发幼儿对传统文化的兴趣，增强幼儿的民族自豪感，让中华优秀传统文化得到传承和发展。

让孩子在爱的氛围中成长

（一）环境渗透爱

环境是“爱”的教育的重要资源，幼儿园里适宜的环境能够潜移默化地渗透爱的教育。我们将地域文化、传统文化、节日文化融入幼儿园的环境中，为幼儿营造了一个浓厚的传统文化氛围。如环创长廊“爱家乡”，老师们用图片、实物等形式，将长清的景点、特产等呈现出来。有著名风景区五峰山、马山、灵岩寺，有红色教育基地大峰山，也有特产崮山馍馍、马山雪桃、万德柿子、五峰大樱桃、孝里米粉等，从而激发幼儿热爱家乡的情感。

（二）活动融入爱

我们在节日主题教育及其他丰富多彩的活动中融入“爱”，充分挖掘节日课程，通过主题活动让幼儿在传统节日活动中了解社会习俗，感受中华优秀传统文化的源远流长，树立高尚情操，培养优秀品质。如端午节，除了让幼儿了解吃粽子习俗的来历外，老师们讲述的屈原爱国故事更会深深感染幼儿，激发他们对国家的热爱；我们在重阳节带领幼儿走进社区开展慰老爱老活动，给幼儿布置“给爷爷奶奶做一件力所能及的事”小任务，将尊老爱幼的好品质融入幼儿生活；我们通过废旧物品玩具制作、植树、垃圾分类等活动，培养幼儿勤俭节约的好习惯，渗透环境保护意识；我们开展故事大王、诗词朗诵、投壶、猜谜等活动，让传统文化、品德教育自然融入生活，对幼儿进行德、智、体、美、劳多方面的熏陶。

（三）实践激发爱

一年四季，各具千秋。老师们带领孩子们走出去，亲近大自然，了解并感受长清的风土人情。春天，领孩子们观察柳树发芽、百花齐放，找春天、画春天；夏天，让孩子们感受绿树荫荫，聆听蝉鸣，在绿荫下打水仗；秋天，和孩子们一起爬文昌山登高望远，一起捡落叶，快乐收获；冬天，师生一同堆雪人、打雪仗。幼儿在体验、品味、探索中，激发出热爱家乡、热爱集体、热爱生命、热爱生活的情感。

（四）携手传递爱

爱的培养需要家园共育。我们引导并鼓励孩子们主动洗碗、叠被子、收拾房间；我们在植树节组织家长和孩子开展“我和小树共成长”活动；我们发动家长参与到课程中来，通过家长学校、家长开放日、家长会、家长进课堂等形式，向家长宣传我们的传统节日文化；我们邀请家长收集有关传统节日的民间故事，开展交流分享；我们不仅邀请孩子的父母参与幼儿园的活动，还让孩子的祖辈也加入教育的行列。在陪同孩子完成亲子任务、帮助孩子准备材料、与孩子一同庆祝节日的过程中，家长的情感也得到了升华，并潜移默化地影响了孩子。

一系列活动得到了家长的支持和认可。大班的毕业典礼上，家长们感慨地说，孩子们这三年的变化很大，“从一个事事都靠家长的小孩，变成了一个积极能干、懂事的大孩子”。

让爱国的种子在孩子心田萌芽

（一）挖掘红色文化资源

每年的国庆节，我们都会组织一系列的庆祝活动，让孩子们了解国庆节的由来。我们通过组织观看震撼人心的国庆大阅兵，感受军人的威武和祖国的强大；我们举办“我爱北京天安门”“我是中国人”“我和国旗合个影”“小手绘国旗”等活动，让幼儿运用彩纸、彩泥、画笔等材料制做出一幅幅作品，用国旗、天安门、节日气球、礼花等鲜明形象来表达热爱祖国、热爱家乡的情怀，感受浓厚的节日气氛；我们还举办“艺术节”，组织师生同唱《我爱北京天安门》《让我们荡起双桨》《红星照我去战斗》等红色歌曲；在活动室，每个班级用不同材料创设“祖国妈妈，生日快乐”主题墙，让幼儿在与环境的互动中接受爱国主义教育。通过开展这些丰富多彩的活动，幼儿把对祖国妈妈的热爱转化为具体的行动，激发了他们作为中国人的骄傲和自豪。

我们还经常组织幼儿观看《小英雄雨来》《闪闪的红星》《鸡毛信》等爱国主义电影；邀请老英雄、劳动模范、幼儿园园长、党员骨干教师为幼儿讲《金色鱼钩》《半条棉被》《红船的故事》等故事，启发幼儿珍惜来之不易的幸福生活；组织开展故事大王比赛，师生、亲子讲述《雷锋的故事》《董存瑞的故事》等，幼儿在聆听一个个感人的故事中，进一步感受生活在新时代的幸福。

（二）关注爱国时事热点资源

幼儿园每周开展升国旗仪式，并组织全园幼儿、教师开展“升国旗”“唱国歌”“认识国旗”等活动。在升旗仪式中，当《义勇军进行曲》响起，全体幼儿、工作人员、家长都要立正行注目礼，唱国歌。升旗仪式后开展以“认识国旗和国徽”为主题的国旗下讲话，让孩子们知道，我们祖国的全名是中华人民共和国，我们的国旗叫“五星红旗”，它代表我们的国家等知识，让孩子们萌发热爱祖国的情感。

我们组织幼儿一起观看奥运会上中国选手获得金牌，国旗冉冉升起的激动时刻，和幼儿一起观看神州载人飞船发射升空、嫦娥号登月、“天宫课堂”等活动，一起感受“蛟龙”号成功完成任务时那激动人心的时刻，共同感受祖国的强大。

（三）整合人文环境资源

我们通过多种形式向幼儿介绍邓稼先、钱学森、钱三强、袁隆平、屠呦呦等爱国科学家的故事，让他们可歌可泣的奋斗史、高尚的人格和广阔的胸襟在孩子们心中留下永久的记忆，让科学家们的精神像一颗颗种子一样深植于孩子们的心中。

我们在幼儿园内创设优美的环境，楼道内布置青花瓷、京剧脸谱、扎染、水墨画等主题环创，让幼儿在潜移默化中感受祖国文化的魅力。我们还开展“播撒爱国主义种子，厚植爱国情怀”的主题爱国主义教育活动，如制作和平鸽、绘制壮丽山河长卷、讲红色故事、红色地标打卡、诵读经典诗词、认识四大发明、开展传统游戏等，通过多种方式增强幼儿的爱国情感。

当孩子们听到国歌响起，立即放下手中的玩具，行注目礼的时候，当孩子们口中随时哼唱红色歌曲的时候，我们十分欣慰，因为在孩子们心中，爱的种子已经悄悄萌芽。

爱是广泛的、多样的，在幼儿园这个孩子接触社会的重要阶段，我们要通过适宜的教育内容和方式，培养孩子们爱的情感，引导他们从小爱祖国、爱人民、爱科学、爱劳动、爱老师、爱家人……在幼儿心田播撒爱的种子，让爱的种子在孩子幼小的心田里萌芽，我们用心呵护，静待花开。让孩子们健康茁壮成长，成为合格的社会主义建设者和接班人。

让思政启蒙教育在幼儿园“活”起来

王学敏

人物扫描

王学敏，现任济南市章丘区泉山实验幼儿园教师。荣获园级优质课一等奖、园级优秀教师称号等荣誉。参加工作以来，一直坚守在教学第一线，时刻牢记“学高为师，身正为范”的教师职业操守，用爱与智慧照亮孩子们的成长之路。

思政启蒙教育对于幼儿的成长具有重要的意义和深远的影响。实际上，幼儿阶段的行为习惯、文明礼貌、互帮互助、萌发爱国爱家乡的情感等都是“立德”。为此，我充分把握生活中的教育契机，力争让思政启蒙教育“接地气”，在幼儿园“活”起来。

爱国情，从每一次升旗仪式开始

每个周一的早晨，幼儿园的全体师生都会相聚在国旗下，举行庄严的升旗仪式，可很多孩子却无所事事，需要教师不停地维持秩序。回到班里，我问孩子们：“你们热爱我们的祖国吗？”

他们毫不犹豫地回答：“爱！”

我继续追问：“你们觉得什么是爱国呢？”

孩子们展开了激烈讨论。

“我觉得爱国就是长大了当解放军保卫祖国。”

“爱国就是长大了当奥运冠军，拿许多金牌。”

“爱国就是学好本领，当个科学家。”

我为孩子们稚嫩而又伟大的梦想而感动。他们都期盼着长大，期盼着长大后成为有用的人，为祖国做贡献。但爱国不仅仅体现在轰轰烈烈的大事中，也藏在我们生活的细节之中。我告诉他们，向祖国表达热爱的方式有很多，可以从认真参加每一次升旗仪式开始。

随后，我给孩子们播放了他们参加升旗仪式时的视频，问道：“孩子们，你们发现了什么问题？”“小朋友们都站得歪歪扭扭的。”“我还看到浩浩和强强在聊天。”

我引导孩子们思考：“在参加升旗仪式时，我们应该怎么做？”

“要立正站好，小手贴裤缝。”

“不能和身边的小朋友讲话，也不能笑。”

“升国旗时要行注目礼。”

讨论过后，我们一起确定了参加升旗仪式必须遵守的纪律：列好队、笔直站，听口令、不乱动，行注目礼、要肃立。但我又发现孩子们唱国歌时声音很小，问及原因，有的说是因为周围的声音都很小，自己不好意思大声唱出来，有的说感觉自己唱得不好听，还有的孩子则是因为害怕唱错歌词。

了解原因后，我开始“对症下药”。首先，我要激发孩子们内心深处对国歌真挚而热烈的情感。我与他们共读绘本《我们的国歌》，一起观看红色电影《小英雄雨来》《鸡毛信》等，从而了解国歌背后的故事。孩子们慢慢理解为什么歌里会唱到那么多次“起来”，为什么“冒着敌人的炮火”也要前进，知道今天的和平，是无数革命先烈抛头颅、洒热血换来的，我们应当倍加珍惜。其次，我精心组织孩子们练习合唱国歌。大家一起画出歌谱，研究国歌节奏：84 个字，37 小节，46 秒，字字铿锵、句句雄壮，它是浓缩的国魂，是凝聚的民族精神，是不断发展壮大的精神动力。

现在，孩子们在每周升旗仪式后总会骄傲地说：“我们的声音最大、最洪亮！”伴随嘹亮的国歌声，一颗颗爱国的种子已悄悄埋在了孩子们的心田。

强国梦，从一次国防教育开始

孩子们心中都有一个军人梦：一身戎装，保卫家国。每次一进入表演区，孩子们就迫不及待地换上小军装，戴上军帽，扮演解放军叔叔。一天，图图从家里带来了一张照片，想要贴在表演区的墙上，这张照片瞬间吸引了孩子们的注意。

“哇！图图，你旁边的是真的坦克吗？”

“你还穿着迷彩服呢，真神气！”

“这是哪里呀？”

“是爸爸带我去参观国防教育基地时拍的照片，那里还有战斗机模型呢。”

听到图图的回答，绵绵问道：“老师，我们能一起去这里参观吗？”我认真考虑了绵绵的提议——这不正是一次国防教育的好机会吗？

得到孩子们的一致同意后，周六早晨，孩子们满怀着期待与兴奋，和爸爸妈妈一起来到了国防教育基地。一进入基地，他们的眼睛瞬间被那些威风凛凛的大国重器吸引住了：巨大的导弹发射车、先进的战斗机模型、气势磅礴的军舰展示，都让孩子们惊叹不已，小嘴张得大大的，发出阵阵“哇”的惊叹声：

“哇！好多坦克、大炮，我们的祖国真强大！”

“这是歼 –20，我知道现在最先进的战斗机是歼 –35。”

“爸爸妈妈，我以后就当军人，开最先进的飞机，保卫我们的国家。”

孩子们稚嫩却坚定的声音，在这方小小的天地里回荡。我仿佛看到了一颗颗充满热血的种子在孩子们心中悄然埋下，看到了那无比坚定的信念正从新一代身上散发光芒。

但是，当来到火箭筒发射模拟体验区时，原本兴奋的孩子们突然安静了下来。看着那略显庞大的模拟火箭筒，杨杨小声说道：“这个看起来好厉害，会不会有危险呀？”其他孩子也纷纷点头，眼神里透着犹豫。

图图率先走上前，说道：“我之前试过，我先来吧，你们别害怕。”说完，图图扛起火箭筒，扣动扳机，火箭弹成功发射。但巨大的炮声还是让孩子们迟迟不敢上前，于是，我鼓励道：“孩子们，解放军叔叔们就是用这些武器来保卫我们的国家和人民，他们勇敢无畏，是我们最敬佩的人，相信我们的小勇士也能做到！”图图也安慰大家道：“大家不要怕，其实就是声音有点响，不会有危险的。”

在我们的鼓励下，萱萱站了出来，她深吸一口气，走上前握住火箭筒。尽管小手还在微微颤抖，但她依旧没有退缩。随着“发射”指令的下达，萱萱用力按下按钮，只听“砰”的一声，火箭筒发射成功。她兴奋地大喊道：“我也可以像解放军叔叔一样勇敢啦！”

萱萱的成功，给了大家莫大的信心。接下来，越来越多的小朋友克服内心的恐惧，积极地参与进来。他们小小的身影忙碌而坚定，仿佛真的成了守护祖国的小战士，心中的军人梦也在这一刻变得更加清晰而明亮。这场国防教育研学活动也在孩子们的欢声笑语和勇敢尝试中留下了深刻而难忘的印记。

爱心传递，从一次灾后连线开始

2023 年 12 月 18 日，与我们一直保持着深厚情谊且开展对口帮扶工作的甘肃积石山县发生 6.2 级地震。这一消息如同凛冽的寒风，迅速席卷了全国，深深刺痛了每一个国人的心。

当我怀着沉痛的心情，将这个消息告知孩子们时，孩子们瞬间担忧起来，你一言我一语地急切询问着。“老师，地震是不是特别特别可怕？房子是不是都塌了？”“他们有没有受伤啊？”“现在外面好冷啊，他们会不会生病呢？”孩子们的问题像连珠炮般一个接着一个，眼中满是焦急与不安。

看着那一张张充满关切的小脸，我深深感受到了孩子们对灾区小伙伴发自内心的牵挂。为了将孩子们这份无形的关爱转化为切实的帮助，我决定组织一次小小的班级活动——“爱心汇聚，情暖积石山”。我向孩子们详细讲述了灾区的情况，连线当地的老师和小朋友们，了解他们现在可能面临的困难，让孩子们更加深入地了解到自己小小的举动能为他人带来大大的温暖。有的小朋友说：“我要把我的玩具都送给他们，这样他们就有新玩具玩，就不会那么难过了。”还有的小朋友说：“我要给他们画一幅画，画上漂亮的房子和好玩的游乐场，让他们看到以后能开心起来。”

孩子们纷纷用自己的方式，向灾区的小伙伴传递着爱与温暖。我和孩子们还一起精心录制了暖心的鼓励视频，他们站在镜头前，挺直小小的身躯，奶声奶气却又无比坚定地说道：“积石山的小朋友们不要怕，我们会陪着你们，希望你们能早点回到温暖的家，和我们一样快乐地玩耍。”

这不仅是孩子们爱心的自然流露，更是一次生动而深刻的品德教育课。

我相信，这份在他们幼小的心灵中蓬勃生长的爱与关怀，必将跨越千山万水，如同一股强大的力量，抵达灾区小伙伴的身边，给予他们勇气与力量，去战胜眼前的重重困难。同时，这也会成为孩子们成长道路上的宝贵财富，让他们在未来的日子里，始终怀揣着一颗善良、温暖的心，去关爱他人，去拥抱这个世界，成长为有担当、有责任感的社会栋梁之材。

文化传承，从一次美的熏陶开始

幼儿园五周年园庆时特别邀请了一位民间艺术家表演川剧变脸，精彩绝伦的表演引得大家惊叹不已，连连鼓掌。回到教室后，孩子们还在讨论着：

“真好玩，我还想再看一遍！”

“他的手一挥就变成另外一张脸了。”

“好厉害啊，我都没有看清楚他是怎么变的。”

这时，睿睿突然用双手捂住了自己的脸，双手打开后做了一个鬼脸，大声说道：“看，我也会变脸！”孩子们纷纷模仿起来，一时间，教室里充满了欢声笑语。看到孩子们有着如此浓厚的兴趣，我提议道：“那我们一起来制作一个真正的脸谱吧！”于是，一场关于川剧的探索之旅就此拉开了帷幕。

川剧脸谱上为什么会有不同的颜色和花纹？它们分别代表什么样的人物呢？

“红红的脸是不是代表他生气了？”

“我觉得白脸的看起来不像是一个好人。”

“我喜欢蓝色的，他的额头上还有一个爱心呢！”

孩子们的猜测五花八门，他们迫不及待地想要知道颜色背后的秘密。“蓝脸的窦尔敦盗御马，红脸的关公战长沙，黄脸的典韦，白脸的曹操，黑脸的张飞，叫喳喳……”这首脍炙人口的歌曲《说唱脸谱》带领孩子们了解了脸谱与人物身份、性格特点之间的紧密联系。

对脸谱有了更进一步的认识后，接下来就要画一画了。强强有了一个小发现——脸谱的两边是一样的。我告诉孩子们这叫作“对称”，脸谱是以鼻子为中心左右对称的，配上不同的底色和色彩鲜艳的花纹，来表现对应人物的性格特征。此时，孩子们有了一个新的想法：“老师，我们办个画展行不行？”“当然没问题！”于是，孩子们热火朝天地忙碌起来，制作脸谱、收集作品、确定摆放方式、制作说明标签……

布置完成后，孩子们却有些不太满意。

“我们的作品太少了。”

“感觉不像一个真正的画展。”

“除了脸谱，还能再添加些什么呢？”

孩子们展开了一场关于川剧的大调查，深入挖掘其背后的文化宝藏。他们了解到，除了变脸这一绝活，川剧的吐火、滚灯表演也极具特色，令人拍案叫绝；而川剧的服饰更是大有讲究，那精美的绣工、独特的样式、鲜艳的色彩，无不蕴含着深厚的文化底蕴和历史传承。

怀着对川剧文化的热爱与敬意，孩子们充分发挥自己的创造力和动手能力，精心制作了川剧文化书签、色彩斑斓的扭扭棒头饰以及精美的手绘云肩等作品，用来丰富此次以川剧为主题的画展内容。每一个书签都像是一把开启川剧文化大门的钥匙，每一个头饰和云肩都仿佛带着川剧舞台上的灵动与韵味。

我们还热情邀请了其他班级的小朋友来参观画展，孩子们自告奋勇地轮流担任小小讲解员。他们站在自己的作品前，脸上洋溢着自豪与自信，用稚嫩却充满热情的声音，生动地介绍着川剧的相关知识和自己创作的灵感与思路，带领着小伙伴们一同领略川剧文化的独特魅力。

这次画展，不仅是孩子们艺术才华的展示平台，更是一次中华优秀传统文化传承的生动实践。通过亲身体验与积极参与，孩子们成了中华优秀传统文化的传播者和守护者，让川剧这一古老的艺术形式在幼儿园里焕发出新的生机与活力，在他们幼小的心灵中播下了热爱传统文化的种子，为中华优秀传统文化的传承与发展注入了新的力量。

“种树者必培其根，种德者必养其心”，思政启蒙教育不仅是幼儿园的课堂，也是人生的课堂。在未来的日子里，我将继续探索更新、更好的方法路径，让思政启蒙教育浸润在一日生活的各个环节，实现高质量的幼儿教育，将真善美的种子播撒到每一个幼儿的心田，帮助孩子们扣好人生的第一粒纽扣。

“童代会”开启幼儿思政启蒙之旅

王　静

人物扫描

王静，商河县学前教研专家库首席专家，先后担任商河县第二实验幼儿园教育处主任、业务副园长，2024年任商河县第八实验幼儿园园长。获得山东省优课、多项济南市游戏案例一等奖、家庭教育案例一等奖、济南市优秀教师、济南市教学能手、县教书育人楷模、县优秀班主任等荣誉。

“革命传统教育要从娃娃抓起”是习近平总书记对我们幼教人的嘱托。十年间，商河二幼充分利用城镇幼儿园的环境资源优势，打造亲自然生态游戏，让孩子在自主、自由、自然的“野”环境中快乐地学习与生活；同时，深挖本土文化资源的深厚底蕴，将传统技艺、非物质文化遗产及本土红色故事融入幼儿教育“文”环境，培养幼儿对中华优秀传统文化的热爱与尊重。

老师们先后创设红色文化环境、开辟红色活动展示区、组织幼儿户外探险等活动，但随着活动的开展，问题也接踵而至，比如：环创内容因缺乏与幼儿的互动性，被关注度不高；展示区因作品更换频率跟不上，效果差强人意；户外红色游戏区，对于好动的幼儿来说是个欢乐的游戏场，但对于喜欢安静的幼儿却缺乏吸引力，难以满足幼儿的个性化需求。

在一筹莫展之际，老师们开始思考：既然教育以幼儿为主体，那为何不直接问问孩子们的意见呢？2023 年 5 月，我们面向全园 18 个班级的幼儿广纳谏言，梳理每一份提议，记录下孩子们的想法。我们选举产生了参与园级儿童代表大会的幼儿代表，并确定“传承红色文化·乐游文野校园”为会议主题。至此，以儿童代表大会为引领，由孩子自己主导的红色文化之旅即将开启……

科学发现室的墙可以拆了吗？

原本，幼儿园三楼的科学发现室为了与红色文化长廊相融合，在门口摆放了精美的航空科技模型，供孩子们“观赏”。这些“宝贝”只在每年四月份的“科学嘉年华”活动中亮相，孩子们对这些模型甚是好奇。当在会议上听到有小朋友大喊一声“老师，科学发现室的墙可以拆了吗？这样我们就都能玩儿了”时，在座的老师们先是一愣，接着忍俊不禁：“嗯……拆墙可能不行，但咱们可以想别的办法！”

不能拆，但我们可以挪啊！不破不立，说干就干。借用暑假时间，我们在连廊处定制展示柜、操作台，将科学发现室的设备、材料全部挪到此处，打造"科学发现"功能区，以此贯通三楼所有公共区域。从展示伟大人物和中国创造的世界之最，到展示幼儿科技手工作品，基本实现了红色环创与幼儿互动的基本目标。借助"科技认知，最闪亮的中国科技""科技筑梦，强国有我""科技艺术创想，未来有我"的展示路径，通过认知、感受与体验，引导幼儿建立文化自信，为祖国的发展与崛起感到自豪与骄傲，从而激发幼儿的爱国情感。

迷彩马甲太丑了，我不想穿……

聊到户外野战区，男生、女生分了两个阵营，一方说"好玩好玩很好玩"，一方表示"太吵太闹太没劲"。最后，一个怯生生的声音从一角传来："老师，在这里必须穿迷彩马甲吗？太丑了，我不想穿……"

"迷彩服是军人在野外最好的保护色，最好是穿上，如果不想穿，大家也尊重你的选择。"

"老师，我在电视里看过，军人叔叔还会往脸上涂迷彩呢，他们还要在泥水里练习钻网子、举木头，我们保护的国家时是不怕脏、不怕丑的。"小男孩义愤填膺地说。

"很感谢大家能分享自己的想法，其实在战场上，有持枪冲锋在前保卫家园的士兵，也有在战场后方努力做好后勤保障的士兵，比如通信兵、炊事兵、卫生员等，大家都不怕苦、不怕牺牲地完成自己的任务。幼儿园里的只是体验游戏，我们可以自由选择，但在战场上，士兵是没有退路、没有选择的！"

随后，为了丰富此区域活动，我们因地制宜，以情景互动为阶梯，充分发扬本土文化。先是结合地形，添置了大型攀爬架，投放沙袋、迷彩网、轮胎、大型搭建积木等，培养幼儿在游戏中锻炼不怕困难、坚强勇敢的红色品格。同时与"角色游戏"融合，搭建了"特战区""炊事班""军火库""战地医院"等场所，满足喜静幼儿的个性需求，让红色游戏活动更为生动化、生活化。商河有丰富的红色资源，我们翻阅了《商河县革命斗争回忆录》和《中共商河简史》，将此游戏区域命名为“七小队特战区”。现在，这里已经变成了滚、翻、跳跃的户外游戏场，角色情景的设置也让孩子们充分感受到了团结合作带来的荣誉感。

有些故事我们听不懂！

“老师，有些故事我们听不懂！”孩子们的这句话是我始料未及的。追问之下，有孩子提出：“明明是体能大循环，为什么要叫‘重走长征路’呢？”更是让老师倍感焦灼，也感到隐隐的心虚。很多常规体能活动被冠以红色主题名字，就是对孩子进行了红色教育吗？这个问题被孩子当面指出，确实很犀利。

3—6岁儿童学习与生活经验不足，对“长征”“运军粮”等概念理解不深；园所编订的《红润童心·助力成长》园本活动教师参考手册，领域多、内容杂，老师们在执行时显得手忙脚乱，不够深入，致使幼儿的认知多停留于表面，缺乏更深层次的启发。

发现问题，马上解决问题，修正方案。以“重走长征路”游戏设置为例，我们改进策略，在活动区域放置相关图片，播放长征影像片段，先畅谈对长征的理解，再进行户外游戏。我们发现经过多次游戏并逐渐加大难度之后，幼儿的挑战意识更加浓厚了。我们逐渐摸索形成一套循序渐进的游戏思路，即影视、故事等易于接受的形式先渗透——集体户外游戏挑战——情景比对——分享感悟——再游戏。开放、多元、有趣的游戏体验环境，在激发幼儿挑战兴趣的同时，也让他们对红色教育的内涵理解得更深刻，将红色情感内化于心、外化于行。

课程设置方面，我们从教研活动入手，年级组进行横向教研，解决一日时间优化的问题；领域组进行纵向教研，解决课程整合的问题，将活动内容融入一日常规，实现了以点带面、多面开花。如：手工作品可以在晨间活动和区域游戏时供幼儿自选，儿歌在走路散步时由教师渗透，故事放到睡前或离园前，游戏融入户外体能锻炼中……形成易于实时操作的园本课程。

我想让爷爷、奶奶、爸爸、妈妈都来幼儿园！

家风家教是一个家庭最宝贵的财富，是留给子孙后代最好的精神遗产。为协同家庭红色教育力量，我们基于园内实际情况和不同年龄段的学情，策划组织了多项内容，主打"总有一款适合你"，吸引家长主动参与到共育活动中。

首先，我们以幼儿作为发起者，幼儿园作为支持者，组织各类"沉浸式"亲子体验活动，让高质量陪伴润泽每一个家庭。比如，三月开展"我们一家做雷锋"；四月开展"红色亲子运动会"；七月开展"忆苦思甜，亲子共游红色研学基地"；十月开展"我家送给祖国妈妈的礼物"等活动。

其次，我们借助家长资源，让爱国教育激励成长。在"家长进课堂"活动中，邀请妈妈讲红色故事，邀请爸爸展示职业特质，邀请党员爷爷追忆往昔光辉岁月；在"家长义工"活动中，家长协助教师组织各类红色主题活动、陪同孩子们外出参观研学，以身作则，为幼儿树立良好榜样，使幼儿的价值观更加积极向上。

最后，借助家长学校让红色家风落地生根。我们多次开展"传承好家风，涵养好家教"家长学校讲座，带动家长诵读一封红色家书、举办一次交流分享、与孩子聊一聊家规家训等，在活动浸润中激发家风力量。

我们可以坐校车出去玩儿！

"出去玩儿"对于小朋友来说很有吸引力。会上，孩子们激烈地讨论着想去哪儿玩儿，从幼儿园旁边的公园到北京天安门，答案五花八门，生动有趣。

"去北京那可太远了。"

"我们可以坐校车啊！想去哪儿就去哪儿。"小男孩赶紧补充。

“坐校车能去月球吗？”又有小朋友打趣道。

“那得坐火箭啊！”

“哈哈哈……”

孩子们兴奋地讨论着，老师则认真地记录着童言童语，也在默默思考下一步的行动计划。

结合孩子们提出的周边兴趣点，我们梳理了社区优质资源，丰富幼儿社会实践活动课程，例如周边的派出所、消防大队、烈士陵园、长征纪念馆、党史馆、中医药文化馆等。从小班到大班，根据幼儿的年龄认知经验及节日主题，有计划、有目的地组织幼儿观摩探访，给孩子构建多样的红色教育环境。

同时，我们以“共创、双赢”为原则，营造协同发展的共建氛围。在建党节、重阳节等节点，与社区老党员进行联动，请老人为孩子讲述革命故事、展示国学书法，孩子们为老人送上一份手工礼物、献上一首歌，在老幼共乐的氛围中传承中华文明，将红色精神代代相传。

在实践过程中，我们不仅组织好园内幼儿的研学活动，还以园所特色活动为基石，积极向入园前的幼儿家庭辐射。自 2022 年开始，借助济南市“泉学汇”家庭教育平台，将科学育儿知识宣讲活动延伸至社区，形成对 0—3 岁学龄前儿童家庭的同步教育，为入园前儿童家庭送去专业指导。我们组织教师与幼儿在社区进行特色活动展示，开展了“勤俭节约——萌娃跳蚤市场”“我爱我的国——国庆文艺展演”“诵读经典——国学经典展示大会”等活动，以大带小，让孩子们多一份担当与荣耀。

这是我跟老师想出来的点子！

自 2023 年 5 月召开第一次童代会，6 月红色文化长廊有了新变化，8 月科学发现室“拆”墙，孩子们的积极性与参与度日渐提升。为了能在会议上提出更有效的提案，孩子们会有意识地搜集与会议主题相关的知识，关注幼儿园的活动动态。当提案被采纳时，他们恨不得立刻告知全世界：“这是我跟老师想出来的点子！"以幼儿为主体，在这里得到了最完美的诠释与展现。

园所环创——可观赏、可互动的全员"思政"。截至目前，室内公共游戏区有9个，其中红色游戏区4个；户外公共游戏区7个，其中红色游戏区3个。在孩子们的参与下，一本立体多彩的"无声思政教科书"落地生根，孩子们沉浸其中，用稚嫩的童音讲述自己的见解。这使我们明白，真正的红色环创，源于幼儿，成于幼儿。孩子们身临其境地去感受、去体验，才能激发其自立自强、勇敢合作、爱己爱家、爱国爱党的红色品格。

课程设置——能学习、能游戏的全面"思政"。从分析现状到积极调整，遵循寓教于乐的大原则，教师和幼儿都取得了很大的进步。首先，《红色文化融入幼儿户外区域游戏的实践研究》成功立项为重点课题。此课题是在前期工作基础之上，深入挖掘可融入幼儿园户外区域活动的红色文化资源，增强了幼儿对红色文化感知的自主性与主动性。其次，在视频号平台开设"红色剧场"专栏。师幼自编自演的《放牛娃王二小》《小萝卜头》《童心向党》《闪闪的红星》《时空之旅》等儿童情景剧深受家长及社会的赞赏。其中，歌颂祖国科技进步、奋发崛起的儿童情景剧《时空之旅》在市级教育系统活动中进行了展演。最后，随着各类红色游戏的开展，幼儿体质明显增强。在幼儿体测时，他们的爆发力、耐力、敏捷性有了很大的提升，幼儿的情绪情感以及社会性发展也较之前更加稳定、更加和谐。

协同育人——家园社的合力"思政"。几年来，我们精心策划并成功举办了十余场家庭教育专题讲座，以及超过五十次的家长沙龙。通过传播"立德树人"正能量，增强家风教育的感染力，让好家风为家庭幸福生活、幼儿健康成长添彩助益。同时，家长对幼儿园各项活动的支持度与配合度也显著提升。在红色氛围的亲子互动中，孩子们不仅学会了感恩与奉献，更激发出为强国建设、民族复兴贡献自己力量的崇高志向。此外，我们还以幼儿园为中心，建立了"三圈"社区资源库，即：500米以内，师幼步行可到达的资源小圈；500米到3000米之间，需家长志愿团协助的资源中圈；3000米以外，需借助校车出行的游学资源大圈。我们以此为切入点，根据不同年龄特点开展幼儿喜闻乐见的社会实践活动，为幼儿拓展了一个生动有趣的大课堂。

对孩子而言，爱国是寻根，是对祖辈留存的精神财富的认可，更是日常的耳濡目染。虽微致远，我们致力于探寻如何将红色文化自然而有效地渗透到幼儿园的启蒙教育之中。让孩子们深刻理解“我骄傲，我是中国人”这句话的含义，是新时代赋予我们幼儿教师的责任，也是全环境立德树人背景下社会对我们提出的要求。未来，我们将继续以幼儿为主体，以童代会为引领，秉持初心，用更加饱满的热情与坚定的信念，为孩子们的身心健康撑起一片更加广阔的天空。

全环境立德树人特色学校建设的探寻之路

李　惠

人物扫描

李惠，现任济南高新区雅郡清源幼儿园执行园长，已积累12年学前教育领域的丰富经验。荣得包括国家级一等奖、省级二等奖在内的多项教育教学奖项，并获得“最美教师”“优秀教师”等荣誉称号。

立德树人，幼儿园教育的基石

作为幼儿园的执行园长，我深入学习贯彻全省教育大会精神，践行立德树人的根本任务，确立了基于完整儿童理念的“一体四环”清源课程体系及“三阶四域六径”的育人模式，致力于培养幼儿具备独立的人格特质和健全的心理素质，以期他们未来能够成长为终身运动者、优雅生活者、问题解决者及责任担当者。

“一体四环”课程体系以五大领域为核心，辅以好习惯养成教育、游戏化课程建设、传统文化教育及幼儿心理健康教育四个环节，构成了一个全面且多元的课程体系。通过开展以上课程，我将全环境立德树人工作渗透到幼儿园一日生活的各个环节中，如春风化雨般悄然融入幼儿园的每一个角落和每一处细节之中。

（一）主题教育的价值启蒙

幼儿园利用节日和纪念日，如国庆节、劳动节等，开展主题教育活动，让孩子们在庆祝活动中感受爱国、敬业等价值观教育。活动得到家长们积极响应，孩子们通过听祖辈、父辈讲述深刻感人的故事，一起演唱富有教育意义的歌曲、创作富有创意的绘画作品等方式，在不知不觉中受到文化熏陶，爱国情感、诚信品质及社会责任感都得到很大提升，为将来的全面发展奠定了坚实的基础。

（二）日常教育的爱国传承

在日常教育实践中，幼儿园教师通过身体力行，在尊重国旗、勤奋工作、团队合作等方面做出示范，帮助幼儿在潜移默化中模仿学习。每周一，幼儿园均会组织全体师生参加庄严的升旗仪式，并进行国旗下讲话及宣誓活动。在这一过程中，全体师生肃立，共同高唱国歌，目视五星红旗在雄壮的国歌声中冉冉升起。师生们在国旗下宣誓，表达对祖国和幼儿园的热爱。通过举行升旗仪式，引导幼儿从小学习唱国歌、了解升旗仪式的礼仪。通过国旗下讲话的内容，进一步开展爱国主义教育，激发幼儿对祖国的热爱与崇敬之情。

（三）多元学习的品德塑造

我们开展了一系列丰富多彩的活动，包括故事分享、角色扮演游戏、艺术工坊和动植物养护等。在故事时间，孩子们聆听并讲述那些蕴含善良、正直、宽容等品德的故事，从而深刻理解这些品德的重要性。在角色扮演游戏中，孩子们有机会模拟社会环境中的诚信、友善等价值观，例如，在“小超市”游戏中体验诚实交易的过程。在“清源动物园”，孩子们亲手照顾小白兔、小鸭子和小鸟等动物，这不仅培养了他们的爱心，还增强了他们的责任感。当孩子们在游戏中出现矛盾时，我们引导他们通过沟通和理解来解决问题，从而培养他们的宽容和理解能力。

育心为本，培养幼儿情感与理想

幼儿园特别关注培养幼儿的归属感以及他们在同伴群体中的社会性发展，我认为这两方面是“全环境育心”教育的核心内容。通过全面关注幼儿在家庭、学校和社会各个环境中的成长经历，我致力于培养幼儿积极的心理品质，帮助其树立远大的理想，明确人生的目标。同时，我也注重培养幼儿坚定的社会主义信念，培养幼儿热爱祖国、团结同伴的意识，帮助他们学会合作、分享和解决冲突，从而促进他们在社会性方面健康发展。

（一）情感教育，连接国家与未来

借助于绘本、儿童节目等多样化的教育资源，我们向幼儿介绍了具有积极影响的榜样人物，并向他们传递了雷锋精神、焦裕禄精神和大庆精神等正面的价值观和信念。通过情感教育，我们旨在培养孩子们对国家和社会的责任感，使他们在情感上认同并积极维护国家利益。通过这些活动和方法，幼儿园可以有效地对幼儿进行理想信念教育，帮助他们树立正确的世界观、人生观和价值观，为他们未来成为社会的有用之才奠定坚实的基础。

（二）梦想启航，开启梦想新航程

在幼儿园，我们精心组织了角色扮演、主题绘画和作品展示等丰富多彩的活动，让幼儿有机会亲身体验科学家、航天员、教师等职业。这些活动不仅旨在激发幼儿对不同职业的兴趣和尊重，还帮助他们树立远大理想。例如，在家长的协助下，幼儿将空瓶子制作成航天飞船，将纸箱子制作成航天服，这样的方式不仅培养了他们的环保意识，也在他们心中播下了航天梦想的种子。通过这些活动，幼儿表达了对浩瀚宇宙的憧憬和向往，同时也寄托了他们对中国航天事业未来发展的美好祝愿。

共育未来，家园社三方联动

幼儿时期是为孩子们思想品格奠定基础的黄金时期，立德树人不仅是幼儿园教育的核心任务，也是家庭和社会共同的责任。我们致力于构建一个幼儿园、家庭和社区三方共育的平台，共同为孩子们的未来打下坚实的基础，培养他们成为德才兼备的社会栋梁。

（一）家庭、幼儿园与社区的协同教育

在家庭角色的认识方面，幼儿园携手家长组织家庭主题活动，让孩子们了解家庭成员之间的关系和责任。例如，通过角色扮演游戏，孩子们可以体验到父母的辛劳，学会感恩和尊重长辈。此外，幼儿园还会教导孩子们如何在日常生活中帮助父母做力所能及的事情，如整理玩具、打扫房间等，从而培养他们的家庭责任感。

在社会角色的认识方面，幼儿园通过组织各种社会实践活动，让孩子们了解社会的基本规则和道德规范。例如，通过“消防员进校园”“交警值班”等活动，孩子们可以直观地感受到社会成员的不同职责和贡献。此外，幼儿园还会通过小组合作的游戏和活动，培养孩子们的团队合作精神和集体意识，使他们明白在社会中与他人合作的重要性。

（二）在实践中成长，培养幼儿社会责任感

幼儿园积极引导孩子们参与社区公益实践活动，例如为贫困地区儿童提供帮助，通过让他们与不同群体互动的经历来培养他们的同情心和乐于助人的品质。同时，幼儿园还设立如“环保小卫士”“图书管理员”等“微型志愿者”岗位，让孩子们在参与这些角色的过程中体验服务社会的乐趣，从而增强他们的社会参与感和责任感。

古韵今风，承传统享童趣促发展

中华优秀传统文化博大精深、底蕴深厚，是中华民族几千年来精神文明的精髓，传承弘扬中华优秀传统文化是我们全环境立德树人工作的任务之一。

（一）创新民俗游戏，传承优秀文化

传统游戏是雅郡清源幼儿园“创意 +”课程的重要组成部分，我组织开展各类传统文化游戏活动，基于传统文化的多样性，从幼儿的年龄特点与兴趣出发，安排各班每周开展户外传统游戏，如小班幼儿参与“老鹰捉小鸡”“丢手绢”等游戏；中班幼儿则进行“滚铁环”“跳格子”等活动；大班幼儿则挑战“花样跳绳”“踢毽子”等项目。激发幼儿对传统文化的探索兴趣，使幼儿充分感受中华优秀传统文化的独特魅力。

（二）“国学营”毕业典礼，体验华夏文明

自 2019 年起，我为幼儿园首届大班毕业生举办融合华夏文明礼仪的国学营毕业典礼，至今已成功举办五届。每年 8 月，孩子们身着汉服，在悠扬的古风乐曲烘托下，在教师和家长的引导下，依次完成正衣冠、拜孔礼、跪羊图、谢父母恩、击鼓明志、朱砂启智等一系列庄重的仪式。

我希望将孩子们置身于中华优秀传统文化的氛围中，让他们亲身体验中华文化的博大精深，深切感受传统典礼的庄重与美好，充分表达尊敬师长、感恩父母的强烈情感，为三年的幼儿园生活画上一个圆满的句号。

我将始终如一地立足幼儿发展需要，依据儿童发展规律开展工作。在日

常教学中，坚持边探索研究、边实践反思，将全环境立德树人作为根本任务牢记于心。我会全力以赴培养全面发展的幼儿，深化课程建设与改革，让每一个课程环节都能像一把钥匙，开启孩子们智慧与品德的大门，为他们的一生奠定坚实的基础，使幼儿园成为立德树人的摇篮，让孩子们在这里茁壮成长为有道德、有素养的栋梁之材！

立足生活教育探寻课程思政

邢　晔

人物扫描

邢晔，山东省民政厅幼儿园教师。先后参加山东省游戏案例、济南市游戏案例、济南市“走青春路，做育花人”、历下区思政优质课评比等活动，获得省、市、区荣誉20余项。先后被评为山东省教育厅先进个人、历下区优秀教师、优秀教育工作者。

习近平总书记在思想政治工作会议上指出："要坚持把立德树人作为中心环节，把思想政治工作贯穿教育教学全过程，实现全过程育人，全方位育人。"作为青年幼儿教师，我深知党和国家对教育事业的重视和对幼儿思政课的重视。

然而，在实践的过程中我却遇到了难题：讲得多，孩子提不起兴趣；讲得深，离孩子生活太远，孩子理解不了。幼儿园怎样才能将思政教育落到实处？思政教育应该怎么融入？融什么？这引发了我的思考。幼儿一日生活中蕴藏着丰富的教育契机，思政课程可以融入一日生活中，结合孩子们的年龄特点，选择适宜孩子理解和接受的课程思政内容以及有效组织方式，进而实现幼儿园课程思政与一日生活的融合和渗透。

因此，我依托生活教育理论，深挖生活中蕴含的各类思政教育元素，借助主题活动、区域活动、社会实践等途径落实思政育人目标。通过整合收集思政资源、合理选择课程思政内容、激活课程思政的育人功能，助推立德树人任务落实。

探寻，让思政教育内容源于一日生活

幼儿园思政课内容该怎样选择才能贴近幼儿生活呢？哪些内容适合作为幼儿思政课的内容呢？我在实践中探寻答案：根据幼儿年龄特点与发展规律，一要注意具体形象，贴近生活，从孩子熟悉的小事着手；二要注意体验和理解，由近及远激发爱国情感；三要注意化复杂为简约，化抽象为具体，选择孩子真正感兴趣、能理解的思政内容。

（一）依托班级"新闻站"，萌发爱国情感

社会热点问题是思政课程的重要组成部分，如何引发幼儿的关注呢？我发现每天的谈话活动可以很好地捕捉到孩子们的兴趣点，根据兴趣进行延伸，将思政内容融入一日生活。于是，我组织开展了班级"新闻站"活动，孩子们根据自己的兴趣轮流进行播报。"今天我来分享一件事"成了孩子们最期

待的事情，班级“新闻站”也成为连接时事政治与思政课程的通道。在2022北京冬残奥会来临之际，我设计了课程“关爱特别的人”，让孩子们学习残疾人自强不息的精神；结合孩子们感兴趣的神十三升空，我设计了课程“国旗我爱您”，引导幼儿了解国旗出现在不同地方的含义，尊重、爱护国旗，感受祖国的强大，萌发作为一名中国人的自豪感。慢慢地，孩子们逐渐愿意关注社会时事，增强了社会责任感以及爱国情怀。

（二）聚焦“大美济南”，涵养家乡情感

地方文化是中国文化的重要组成部分，同时也是思政教育的重要内容。孩子们需要了解自己所在的城市，以此形成归属感，培养社会责任感。因此，我以地方特色文化为主题，组织孩子们开展“大美济南”教育活动。“关于济南你都了解些什么呢？”我以此为题鼓励孩子们周末走出家门，和父母一起寻访济南景点，游览千佛山、大明湖、曲水亭街，漫步于济南的老街老巷，品尝济南美食，深入了解济南的历史和文化。随后，我鼓励孩子们将自己了解的知识在班级内进行分享，这不仅帮孩子们积累了关于济南的知识，也激发了他们探索、欣赏济南的风光，了解本地民俗的兴趣，从而逐步建立起对这片土地的认同感与归属感，为培养他们热爱家乡、热爱祖国的情感奠定了基础。

（三）创建“体悟、传承”课程模式，渗透传统文化

中国传统节日活动中蕴藏着丰富的思政内容，不同的节日传递着不同的文化传统，承载着中华民族的诚信、友爱、孝道、尊老爱幼等传统精神文化价值，能够帮助幼儿形成坚定的文化自信。

在渗透传统文化的过程中，我积极思考不同节日活动中蕴藏的思政内容，精心挑选出与幼儿兴趣相关的内容融入课程中，明确课程目标，针对本班孩子年龄特点和认知情况，对课程内容进行选择和完善，从文化、环境、活动、实践四个方面入手，创设了“体悟、传承”的节日思政课程新模式。

例如国庆佳节，我们首先引导孩子们通过查阅资料和观看多媒体内容，共同探索国庆节的起源和意义。其次，在班级环境创设中营造浓厚的节日氛围，

让孩子从环境中潜移默化地感受中华优秀传统文化，从而产生文化自信。此外，我们组织孩子讲述红色故事、演唱红色歌曲，以他们喜闻乐见的形式了解革命先烈的英雄事迹。最后，我们和家长一同带领班级中的孩子进行社会实践活动。我们来到解放阁，感受解放战争的艰辛和济南人民为解放事业做出的牺牲，帮助幼儿领悟革命先烈的爱国情怀。通过这种“体悟、传承”的思政课程模式，孩子们不仅能够体验节日的氛围，还能深刻感受到中国的传统习俗和对生活的热爱，这有助于他们更好地理解和传承中华优秀传统文化，进而增强他们的文化自信。

创新，在一日生活中拓展思政教育途径

思想政治教育内容无处不在，与幼儿的日常生活密切相关。因此，我对园内、园外与幼儿生活有着密切联系的课程资源进行挖掘与开发，并充分利用这些资源，将其有机地融入幼儿园一日生活中，拓宽思政教育途径，为思政课程与思政教育的深度整合提供有力支撑。

（一）融合区域活动，塑造良好品质

将思政教育融入区域活动中，可以培养幼儿珍爱生命、勤劳勇敢、乐于探索等良好品质。在班级中创设种植区，我鼓励幼儿担当值日生，细心地完成浇水、施肥、除草等工作，通过这些实践来感受劳作的艰辛。并鼓励孩子们用自己的方法记录植物的生长，在与自然的互动中培养幼儿的责任心；在图书区，我鼓励幼儿整理、修补图书，使孩子们逐步养成爱惜物品的良好品质；在饲养区中，我引导幼儿观察小鸡的孵化过程，每天照料它们，让幼儿感受生命的珍贵；在生活区，我组织开展了“光盘请亮灯”的活动，引导幼儿感悟粮食来之不易，体会农民伯伯的辛苦，以此弘扬勤俭节约的传统美德，树立爱粮节粮的风尚。

（二）结合班本课程，增强文化自信

中国文化博大精深，“文化自信”应从对中华优秀传统文化和思想价值

体系的认同、尊崇、传承做起。幼儿教育作为最基础的教育，我们更有引导幼儿探究、体验、传承中华优秀传统文化的责任。我发现经验的建构需要广阔的空间和丰富的环境作为支撑，促使幼儿建立与环境的联结，促进幼儿对自己生活世界的理解和认知。我探索着巧妙抓住幼儿的疑问，追随幼儿的兴趣开展思政教育，遵循“不是我们要教什么，而是要发现孩子们要学什么”的教学准则。

以班本课程“草药之旅”为例。第一步：追随兴趣——捕捉、拓展。“生活即教育，教育即生活”，我创造条件，让幼儿走出幼儿园，去发现和探索。在分享环节，当有孩子说冬青是中草药时，引发了孩子们对中草药的讨论。

第二步：浸润体验——支持、搭建。通过“三寻、三识”中草药活动，孩子们带着对中草药的疑问走进家庭，走进社区，寻找身边的中草药。孩子们在探寻的过程中增进了对中草药的了解，并乐于将自己了解的知识进行分享，使他们更加勇于表达、善于表达。同时，教师和幼儿共同收集、整理、布置可供浸润体验的室内环境，开设了中草药展，让幼儿通过看、摸、闻等多感官体验了解常见的中草药。随着孩子们对中草药的探究越来越深入，我们适时开展了集体教学活动，通过《鹿茸救母》《神农尝百草》等典故，讲解中草药的神奇作用，以及介绍古代名医在探究中草药方面所做出的贡献。同时在阅读区投放相关图书，方便孩子们自主阅读和探究。在探究中，大家发现“每一种中草药的作用都是不一样的”，于是孩子们开展了小组讨论，并记录下自己了解到的知识，开始设计属于自己的“本草经”。

第三步：回归生活——融合、延伸。“幼儿园课程应回归儿童生活世界”，以中医药为代表的传统文化的吸纳、传承，也应该与幼儿的生活需要相联系。从中草药到中医文化，孩子们的兴趣还在不断延伸。为了满足孩子们进一步了解中医药文化的需求，我们邀请了从事中医工作的家长以及幼儿园的保健医生，为孩子们介绍了中医望、闻、问、切等诊疗方法。孩子们与医生直接接触，进一步加深了对中医药的认识。同时，我们根据幼儿需求及时与外部资源搭建沟通的桥梁，策划组织研学活动，请孩子们参与设计研学内容，并根据孩子们的设计方案，由家委会组织具体实施。在研学的过程中，孩子们参访药铺，配制四宝茶，进一步感受中医文化的博大精深，萌发了作为中国人的自豪感。

共育，在全员育人的理念中拓展思政资源

社会和家庭是幼儿一日生活中必不可少的重要组成部分，因此，我将社会和家庭资源有机地融入课程思政中，依托社会和家长的有效力量，帮助幼儿更好地理解课程思政内容，提高课程思政效果。

（一）搭建“全环境”教育资源桥梁

我们是社会中的一员，是劳动者，也是教育资源。在日常工作中我落实全环境立德树人理念，本着全员参与的目标，家园社三方联动，优化育人资源。例如，在“五一”劳动节来临之际，引导幼儿发现幼儿园中的劳动者，通过访问让幼儿了解幼儿园中的工作人员为他们的成长贡献自己的力量，同时让孩子们走进社区，发现更多劳动者，了解不同的职业，引导幼儿尊重劳动成果，尊重劳动者。

除此之外，各班教师从职业、特长、提供资源支持等方面收集家长资源，全园进行资源整合，建立了“全环境立德树人家长资源库”，资源库中的家长资源打破班级限制，实现全园共享。例如，在班本课程“独挡“衣”面”中，根据孩子们想要了解各种各样衣服的需求，我们邀请了在吕剧院工作的妈妈进行戏服展示，在潜移默化中使孩子们了解传统文化知识；邀请从事消防员工作的爸爸展示特殊材质的衣服，使孩子们了解消防员的工作，并增强消防安全意识。通过引入家长资源，一方面帮助幼儿更清晰地理解各种职业类型，另一方面让其明白各行业的工作人员为我们的幸福生活付出了辛勤的劳动，进一步引导幼儿珍惜劳动成果，尊重和热爱劳动人民。

（二）同筑家庭育人“生态圈”

家庭育人氛围在思政教育中占据重要位置，因此我积极和家长沟通，注

重提升家长的教育意识，利用家庭教育氛围引导幼儿进一步感知中华优秀传统文化，传承中华传统美德。例如开展书香家庭评选，我鼓励家长发挥榜样力量，通过言传身教的方式营造家庭阅读氛围，与幼儿共读红色绘本和传统文化绘本，让中华优秀传统文化在幼儿身上得到继承和发扬。

除此之外，我丰富宣传方式，通过视频号建立家长学校，开设“家风”专栏，鼓励孩子和家长一起从“孝、勤、俭、德、礼”五个方面制定家风，定期在视频号进行宣传展播。通过以上方法的耳濡目染，“好家风”融入幼儿家庭生活的点滴之中，感染孩子从自身做起、从小事做起，传承中华优秀传统文化。

习近平总书记强调：“核心价值观的养成绝非一日之功，要坚持由易到难、由近及远，努力把核心价值观的要求变成日常的行为准则，进而形成自觉奉行的信念理念。”核心价值观如此，思政课程建设亦是如此，我深知立德树人任务任重道远，今后的工作中我将继续扎根幼儿思政事业沃土，着眼未来，将课程思政融入一日生活中，持续关注社会时政，探寻思政内容，创新思政途径，为幼儿心灵埋下真善美的种子。在思政教育中实现“小我”，成就“大我”，立德树人，铸魂育人。